# TATAMI
## PUZZLE BOOK

*300 Puzzles*

This Book Belongs to:

About TATAMI puzzles.

A TATAMI puzzle is made out of a square grid that has been covered with rectangular tiles that are either three, four, or five cells in size. Only one of these sizes of tiles will completely cover any particular puzzle. To answer such a puzzle, the solver must place numbers in the puzzle cells ranging from 1 to the numerical size of the tile, while adhering to the following three rules:-

- All of the numerals in a tile must be different.
- Puzzle cells that are contiguous horizontally or vertically cannot have the same number.
- Each number must appear the same amount of times in each row and column of the puzzle.
- To get you started, some of the puzzle cells will already have a number placed.

Puzzle

|  |  |  |  |  | 3 |
|---|---|---|---|---|---|
| 1 |  | 1 |  |  |  |
|  |  |  |  |  |  |
|  |  |  |  |  |  |
|  |  |  |  |  | 2 |
|  |  |  |  |  |  |

Solution

| 2 | 1 | 2 | 3 | 1 | 3 |
|---|---|---|---|---|---|
| 1 | 3 | 1 | 2 | 3 | 2 |
| 3 | 2 | 3 | 1 | 2 | 1 |
| 2 | 3 | 1 | 2 | 1 | 3 |
| 1 | 2 | 3 | 1 | 3 | 2 |
| 3 | 1 | 2 | 3 | 2 | 1 |

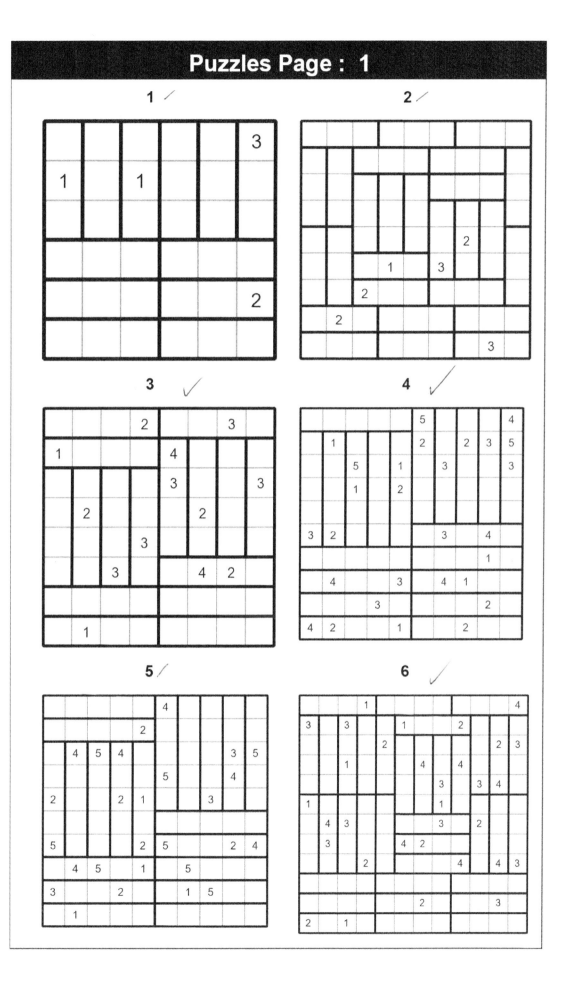

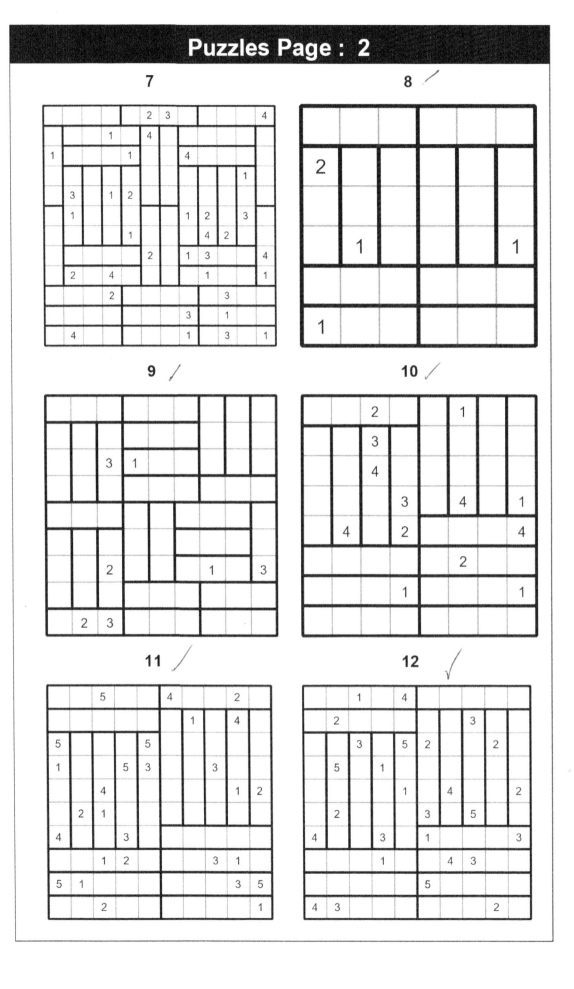

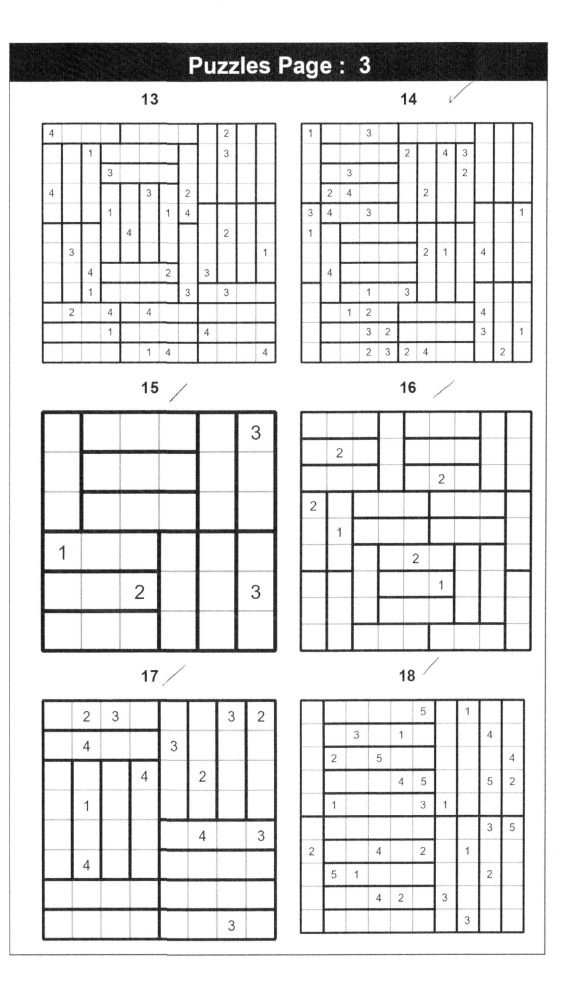

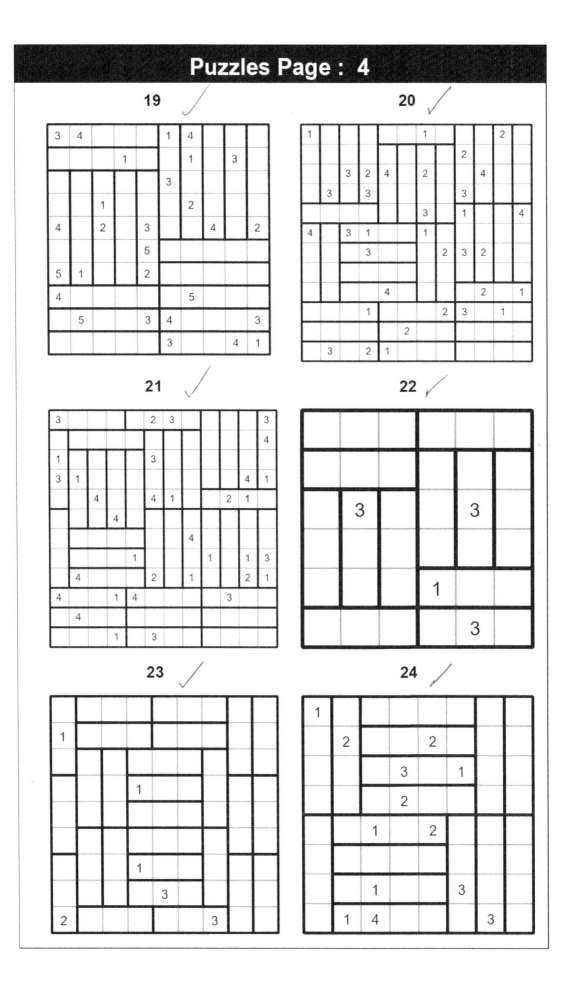

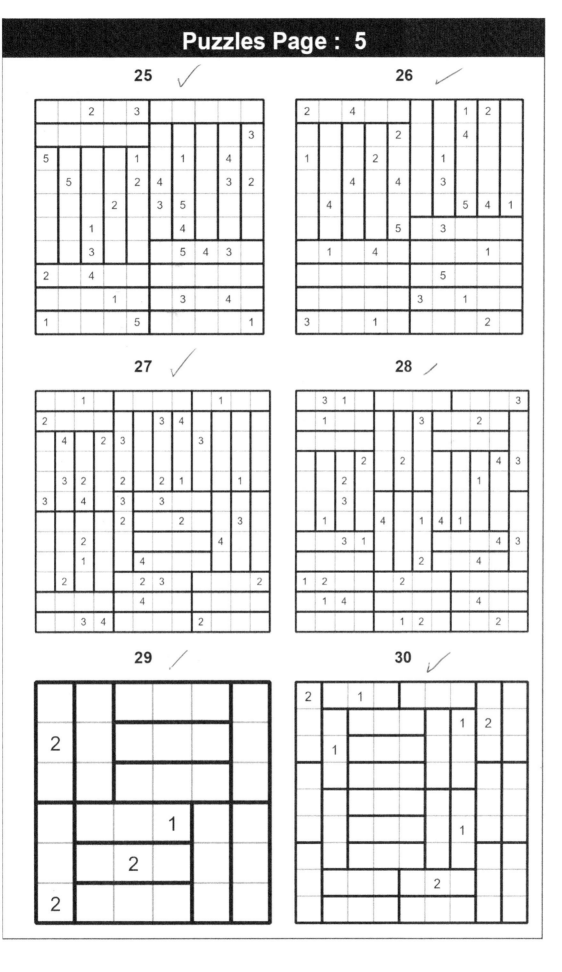

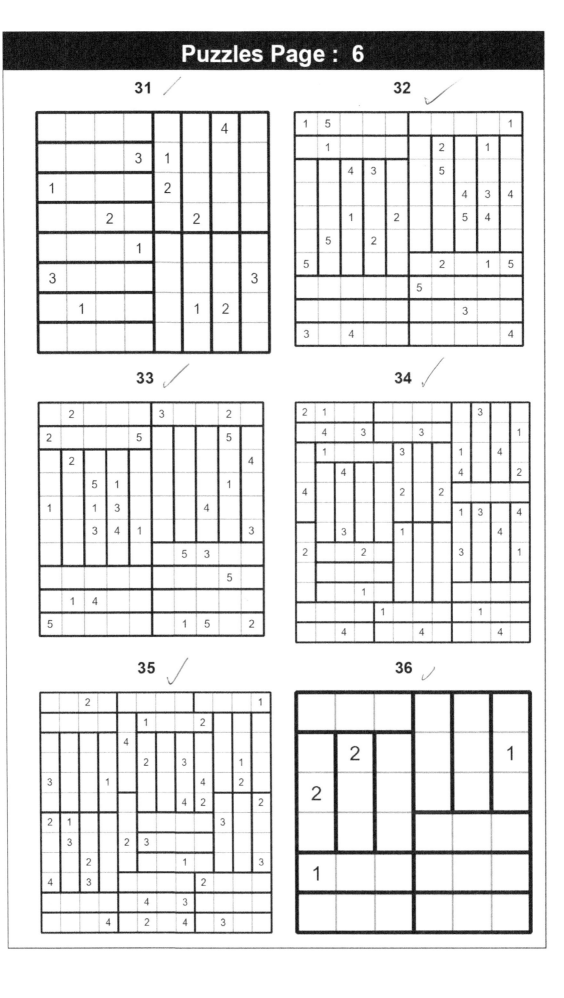

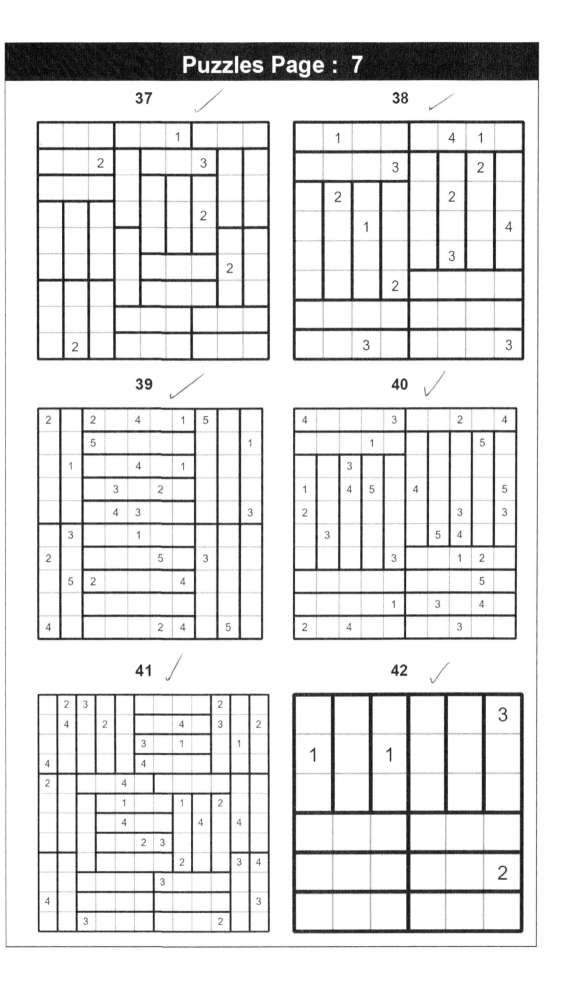

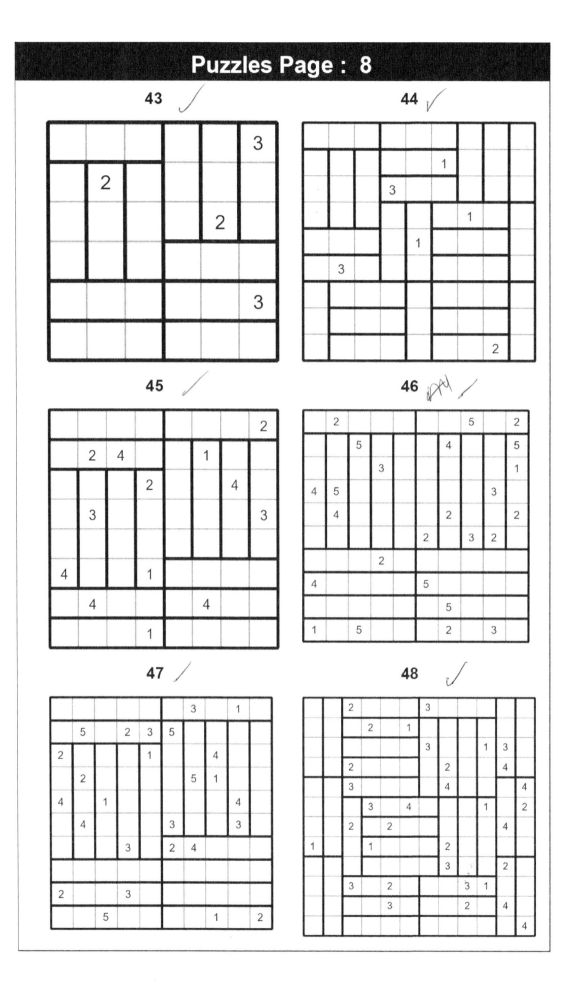

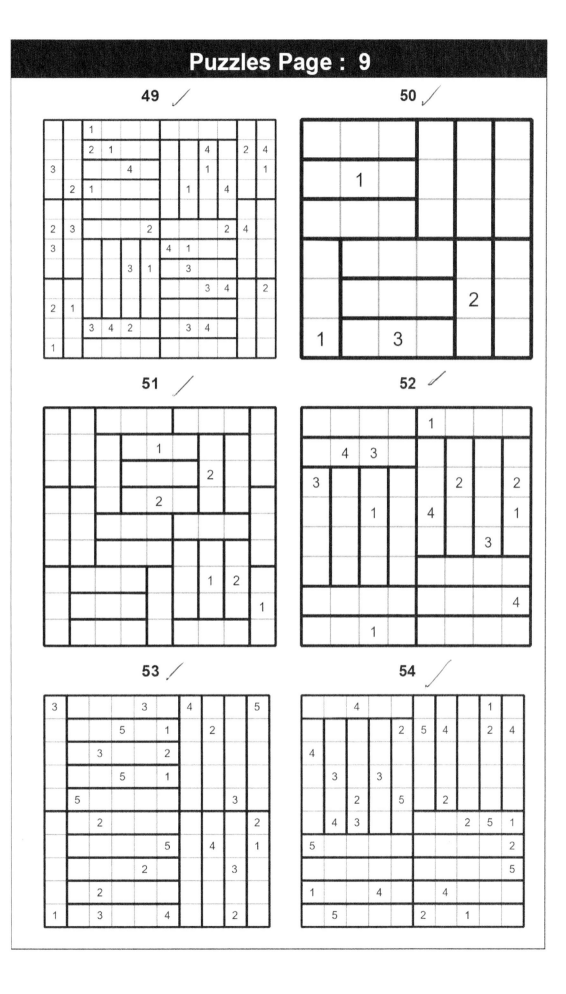

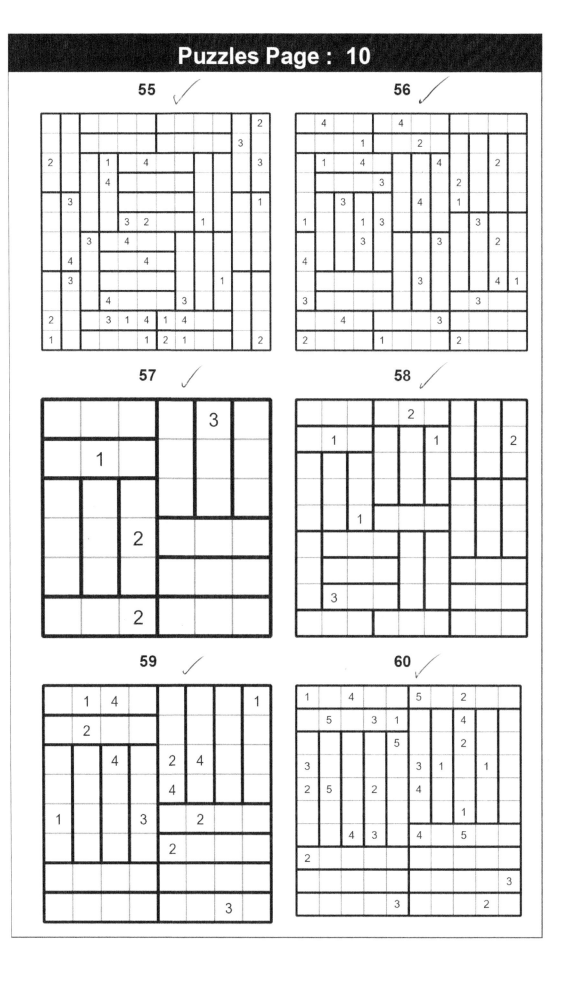

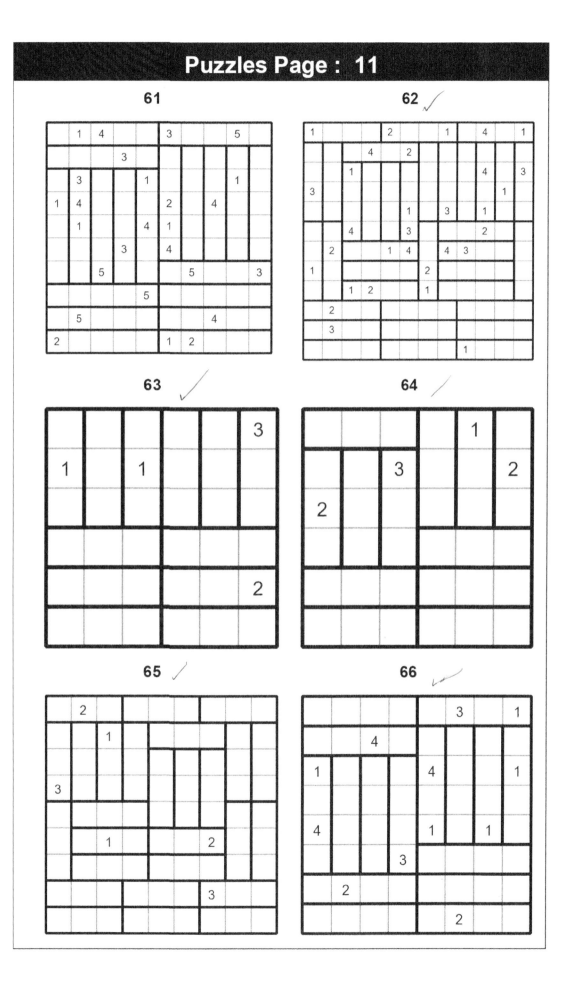

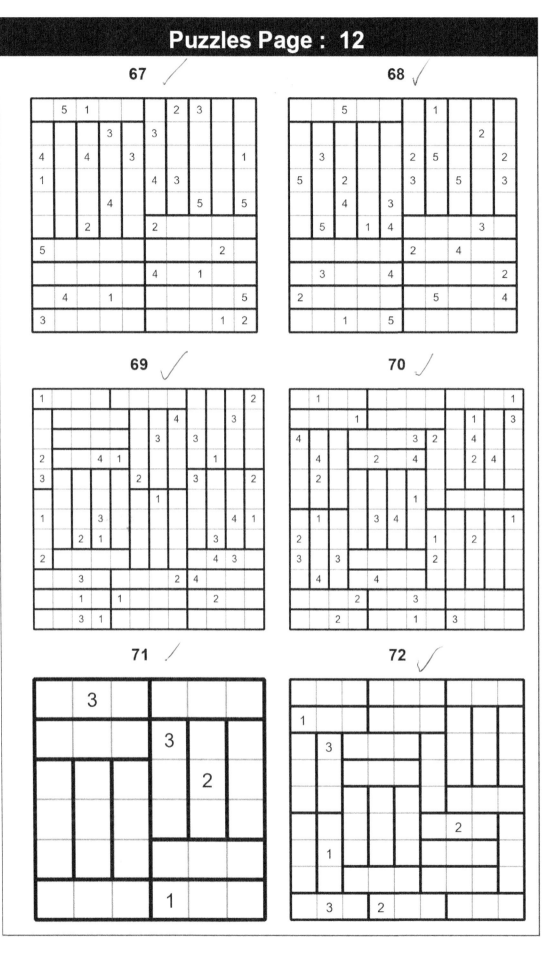

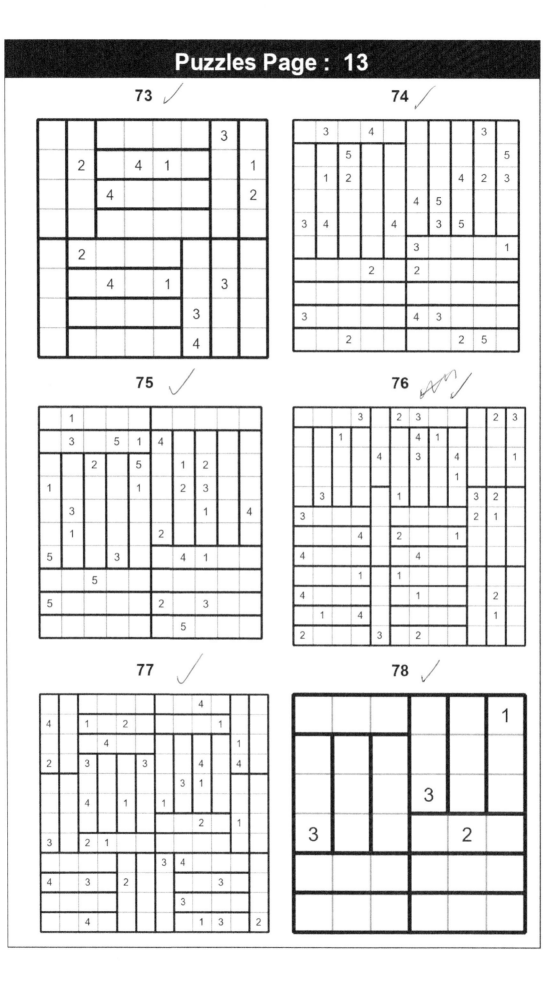

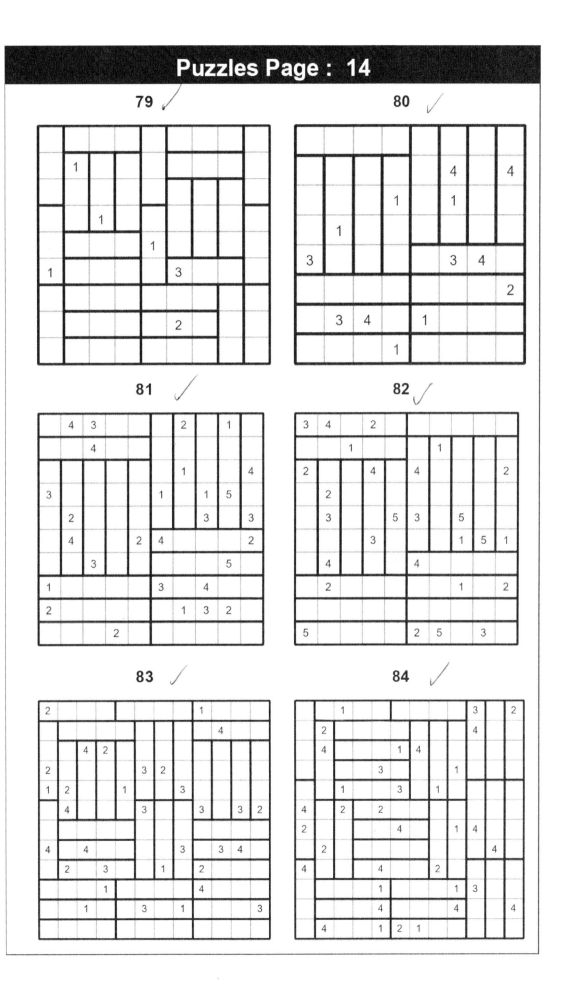

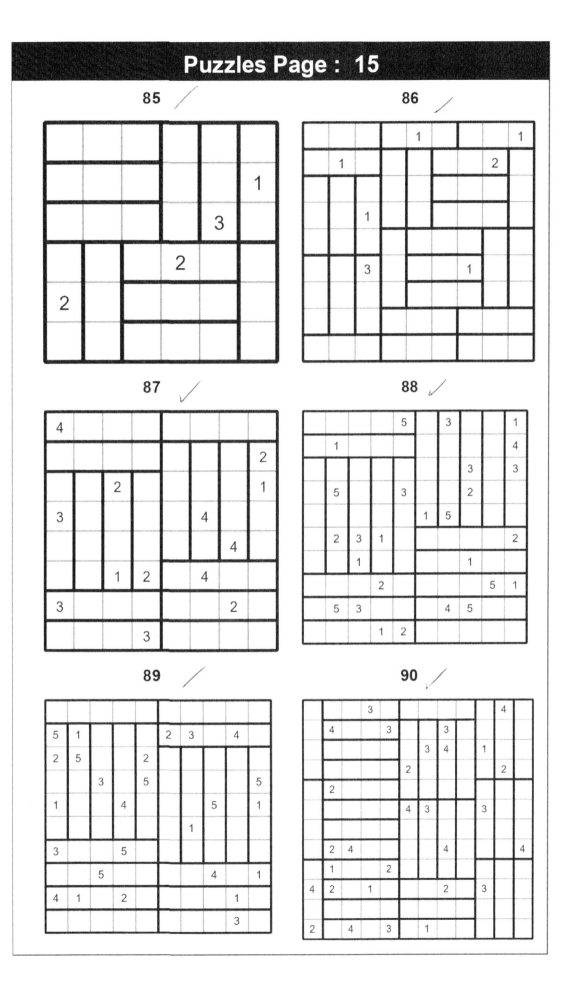

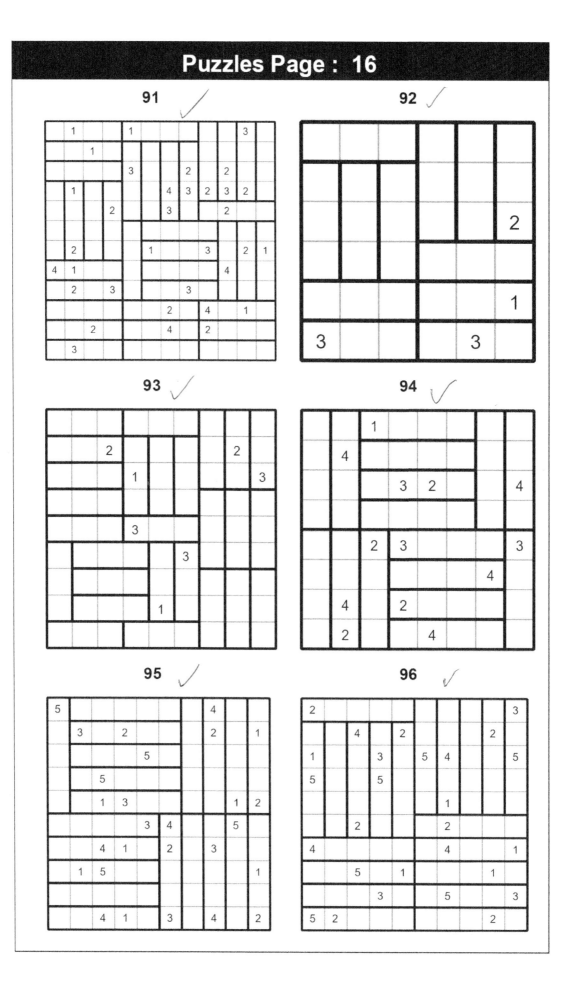

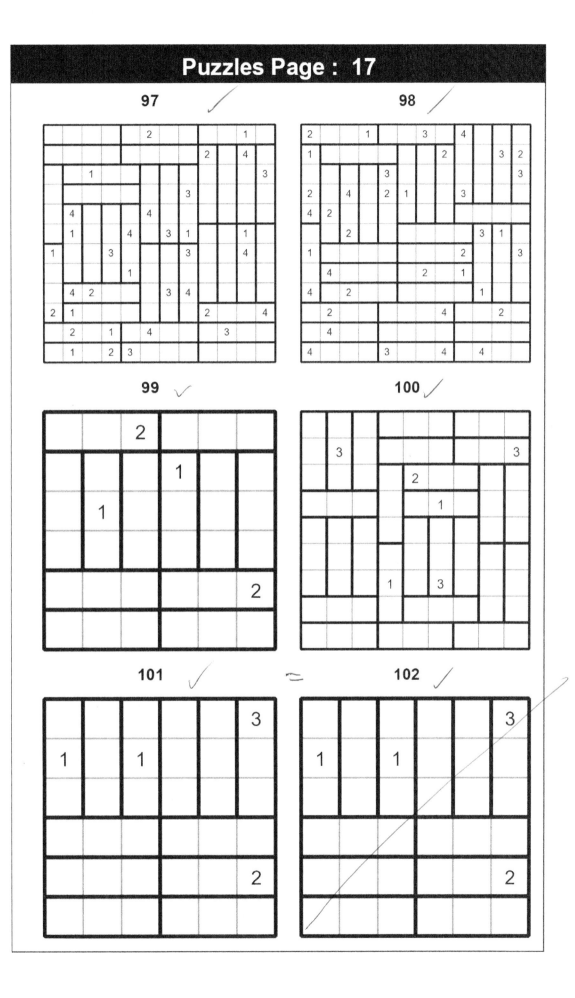

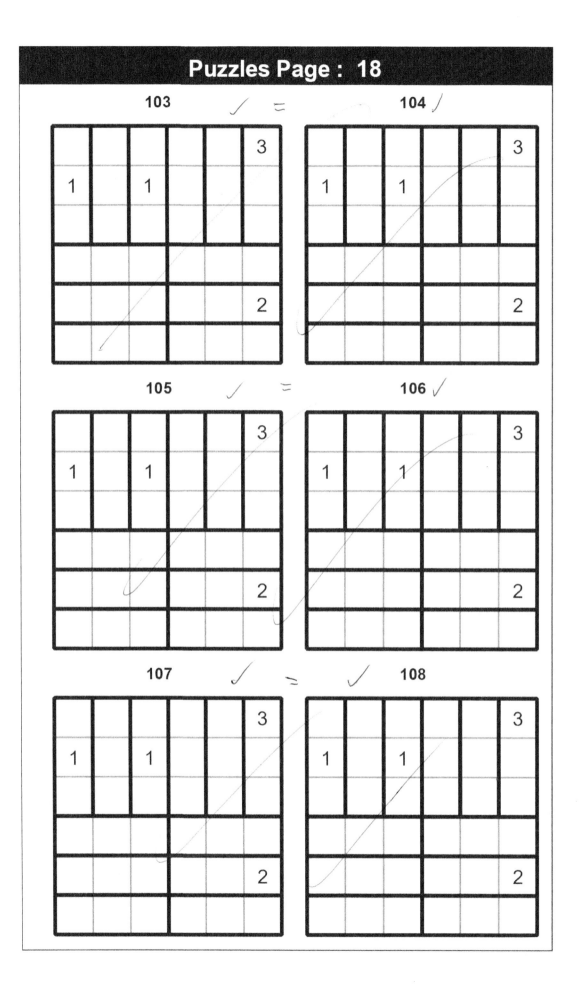

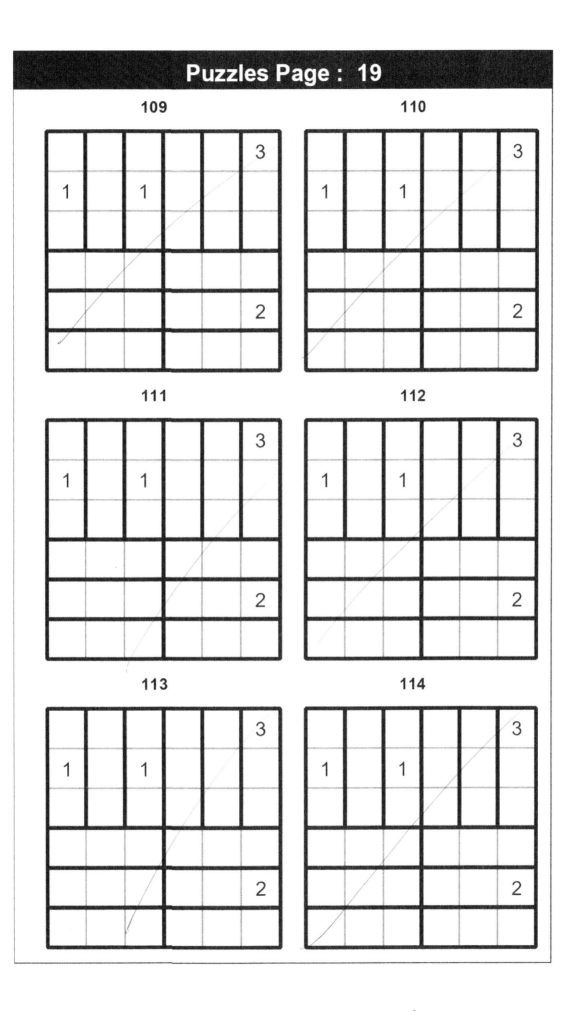

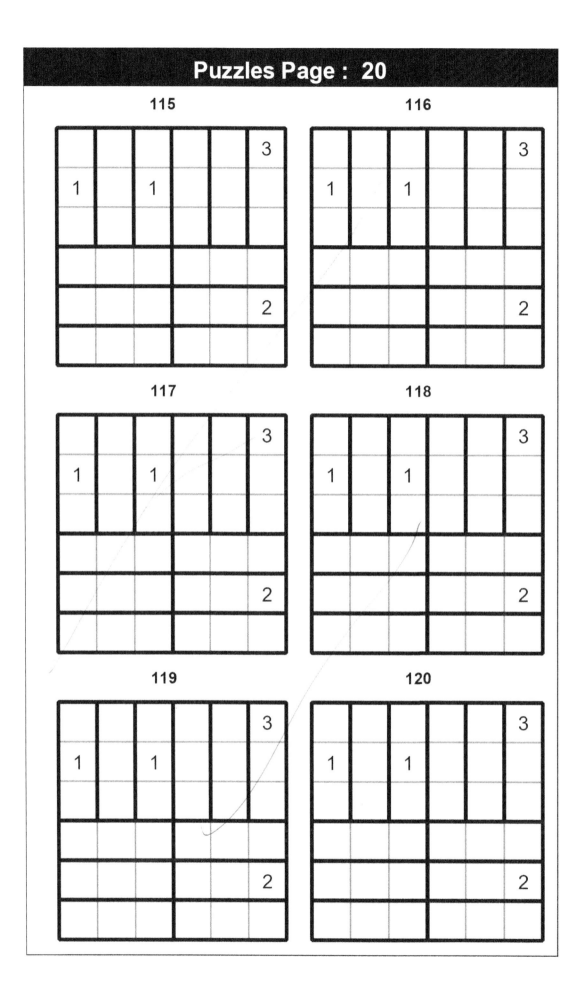

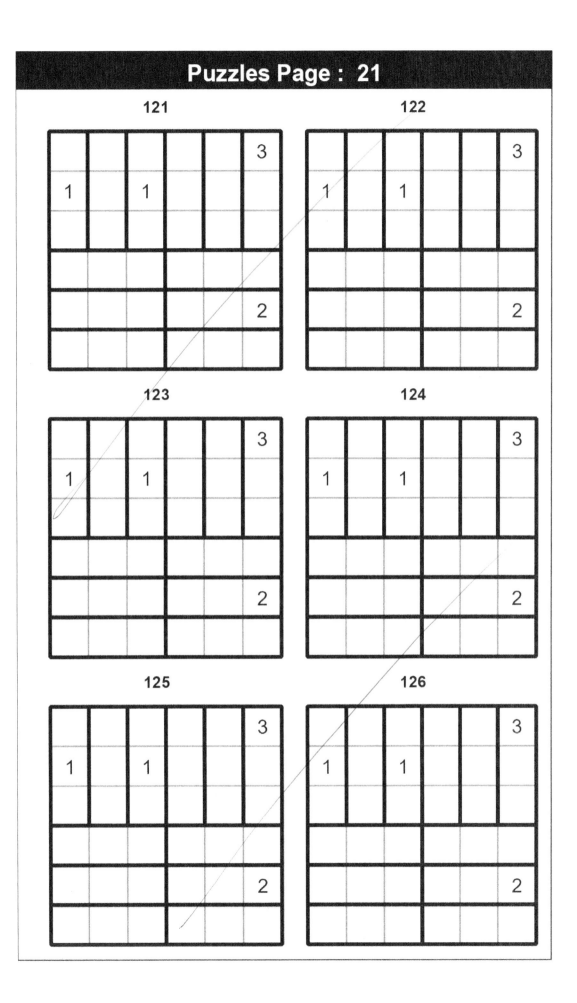

**127**

**128**

**129**

**130**

**131**

**132**

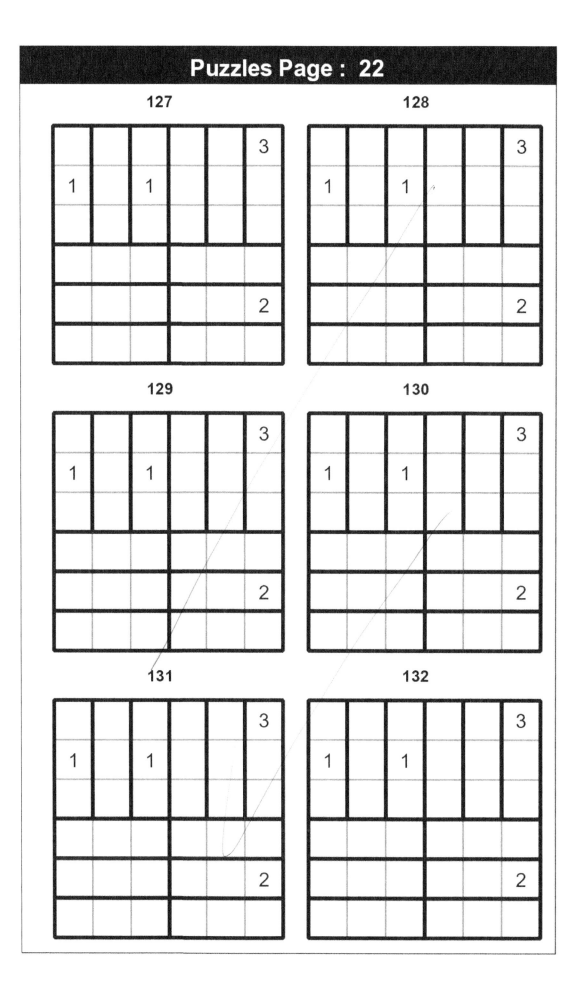

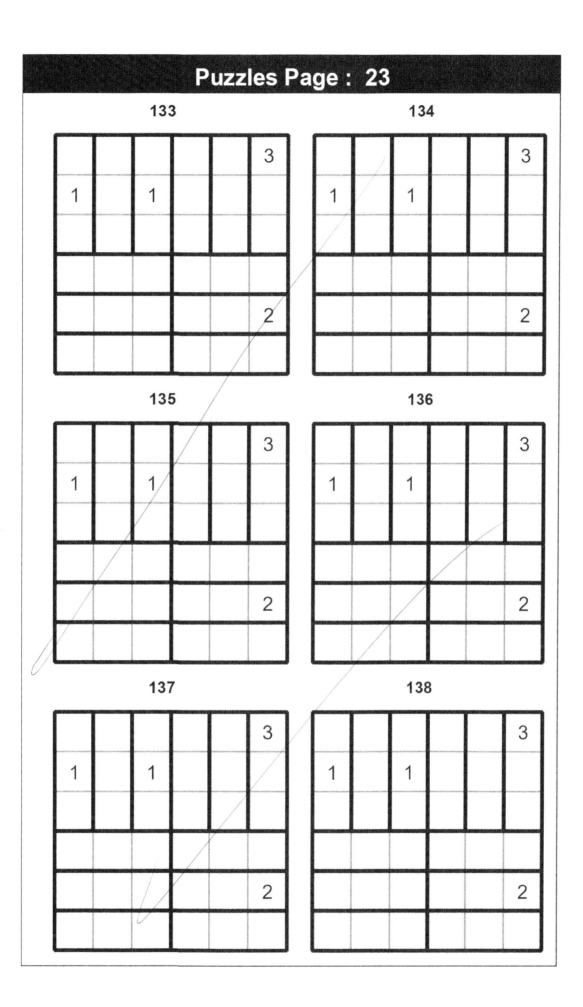

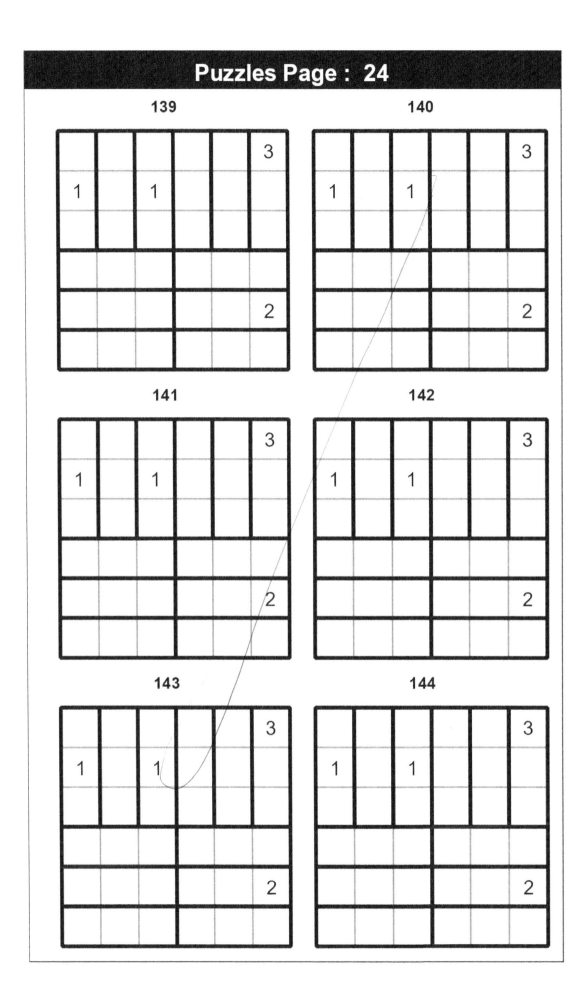

**139**

**140**

**141**

**142**

**143**

**144**

**145**

**146**

**147**

**148**

**149**

**150**

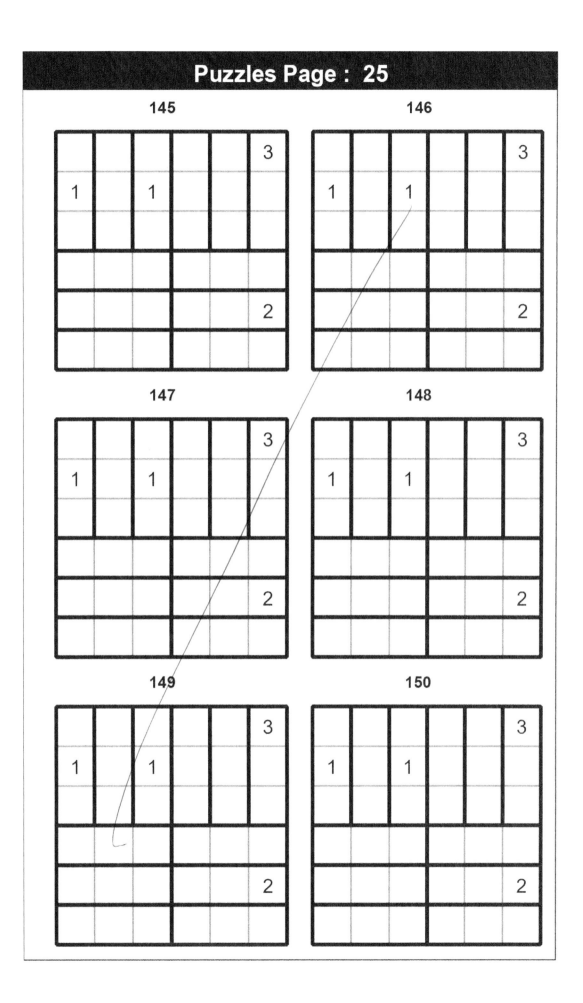

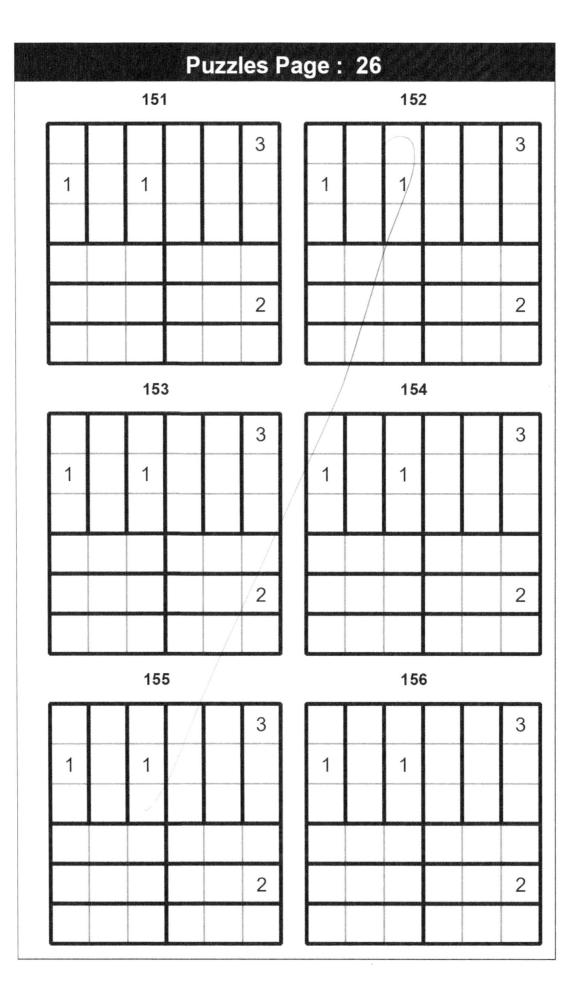

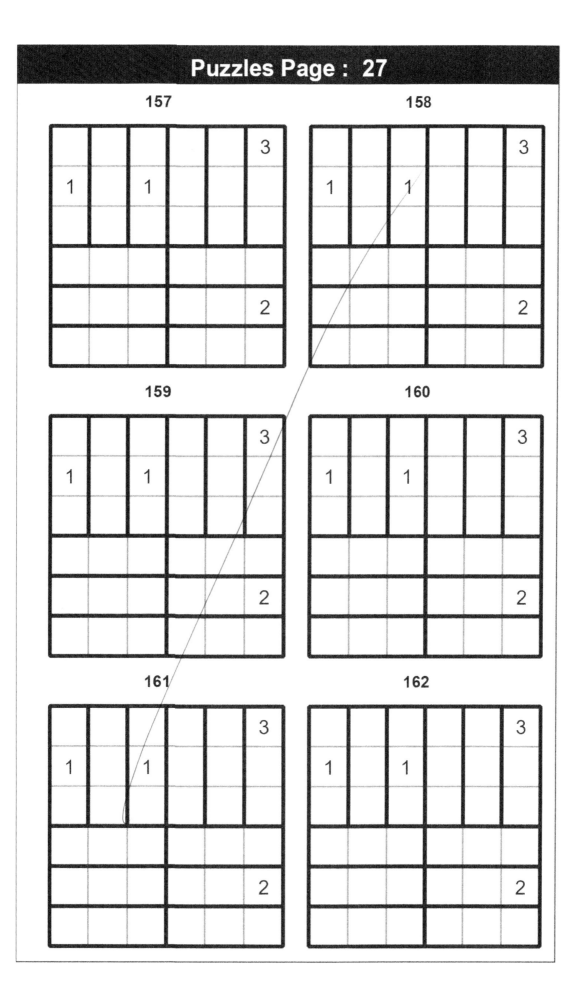

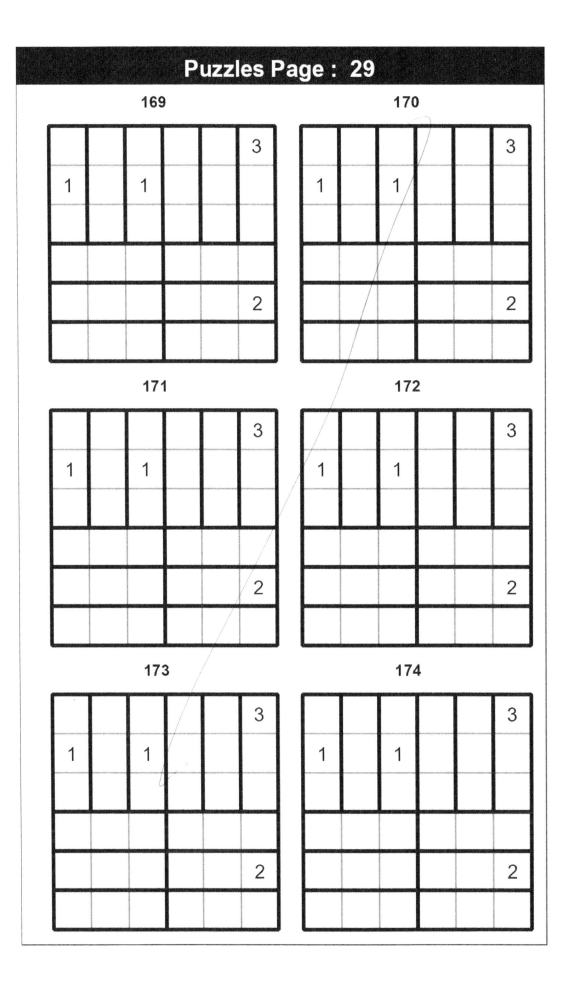

169

170

171

172

173

174

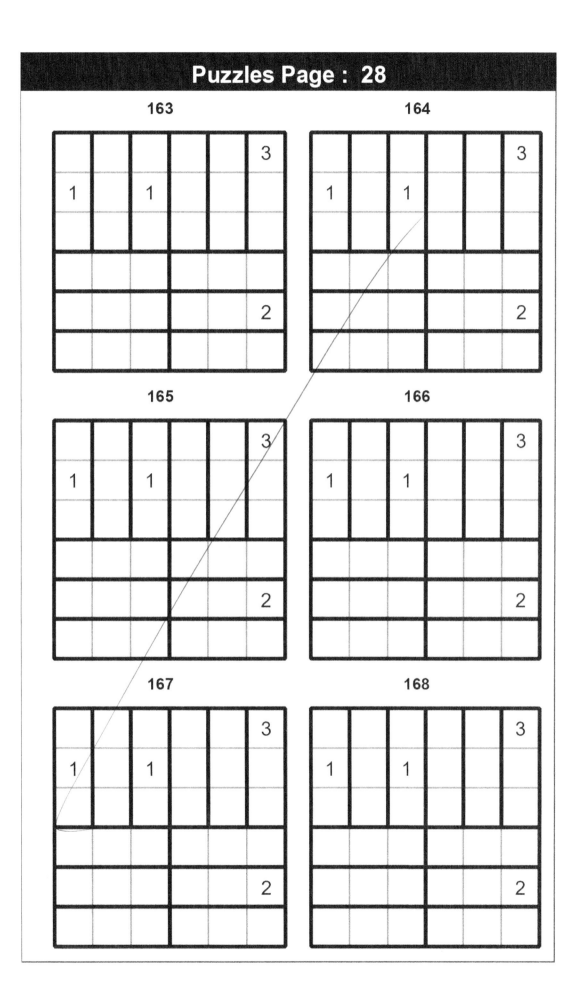

163

164

165

166

167

168

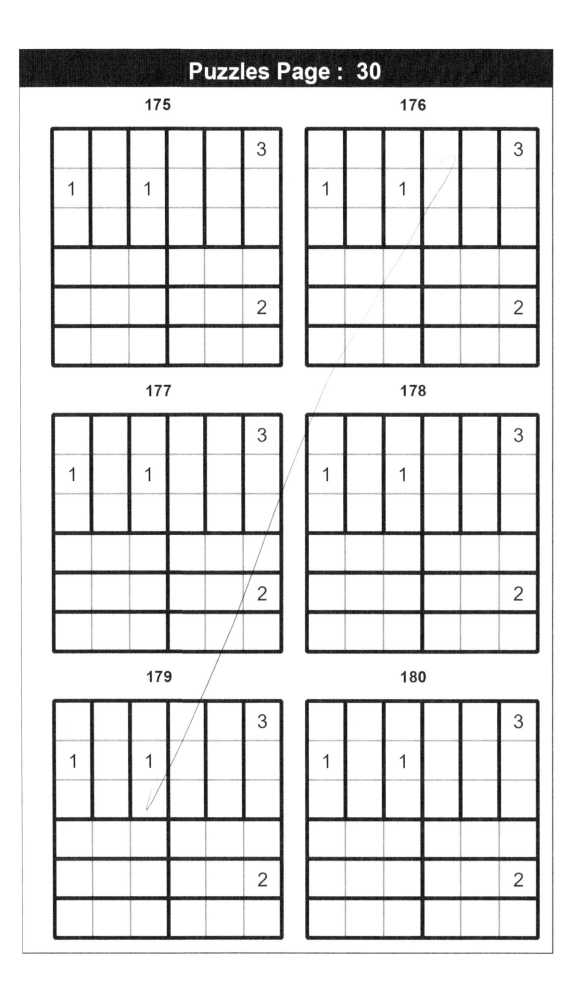

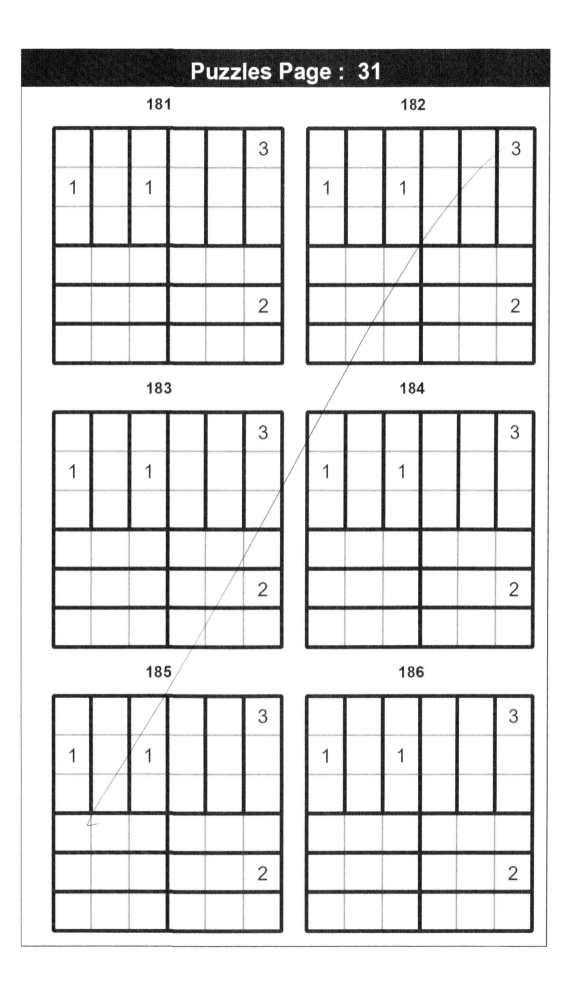

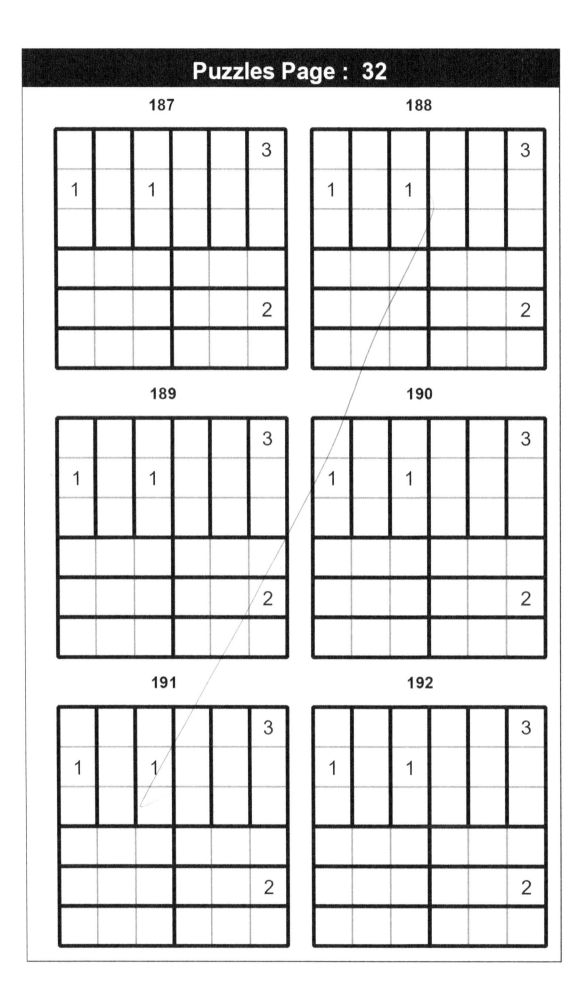

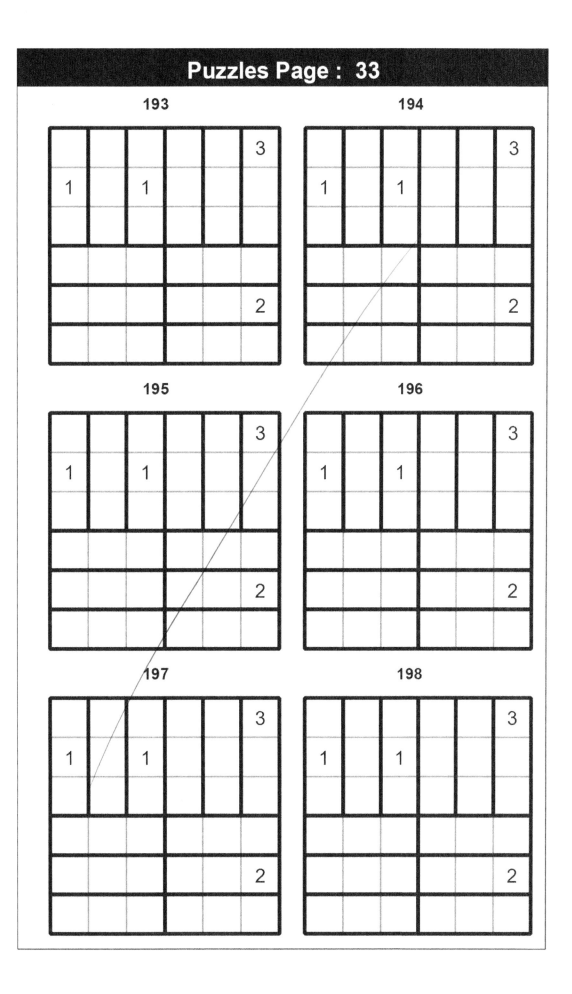

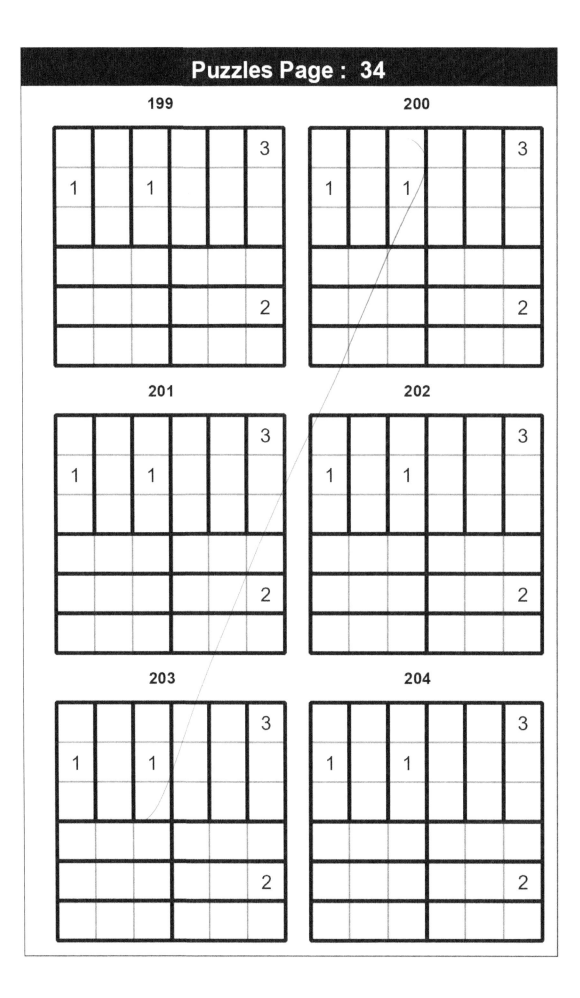

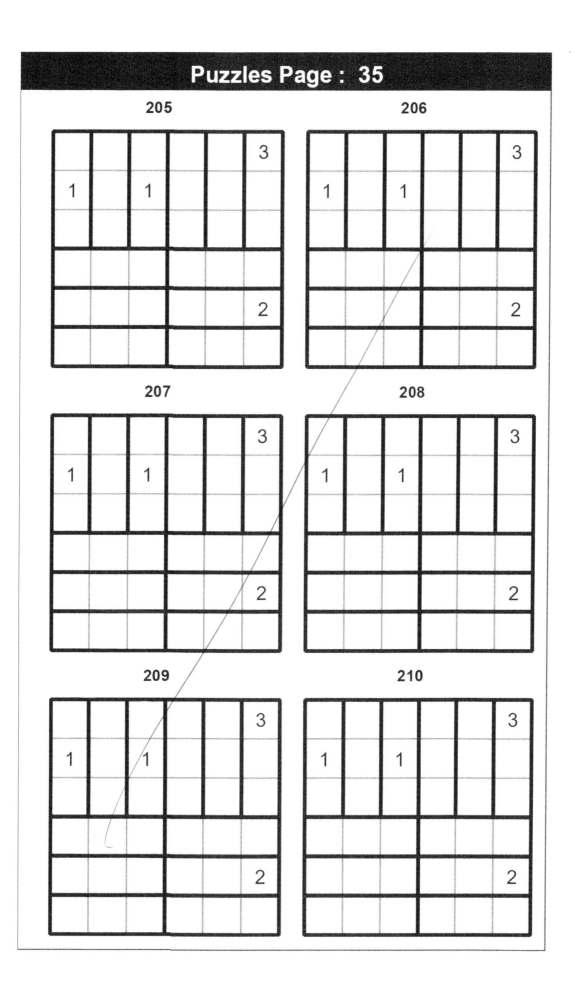

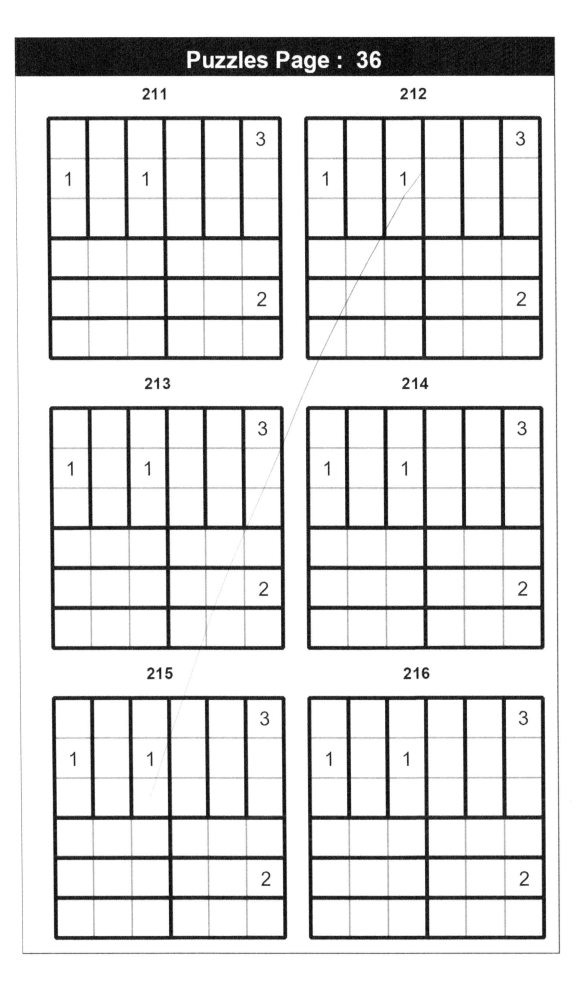

**211**

**212**

**213**

**214**

**215**

**216**

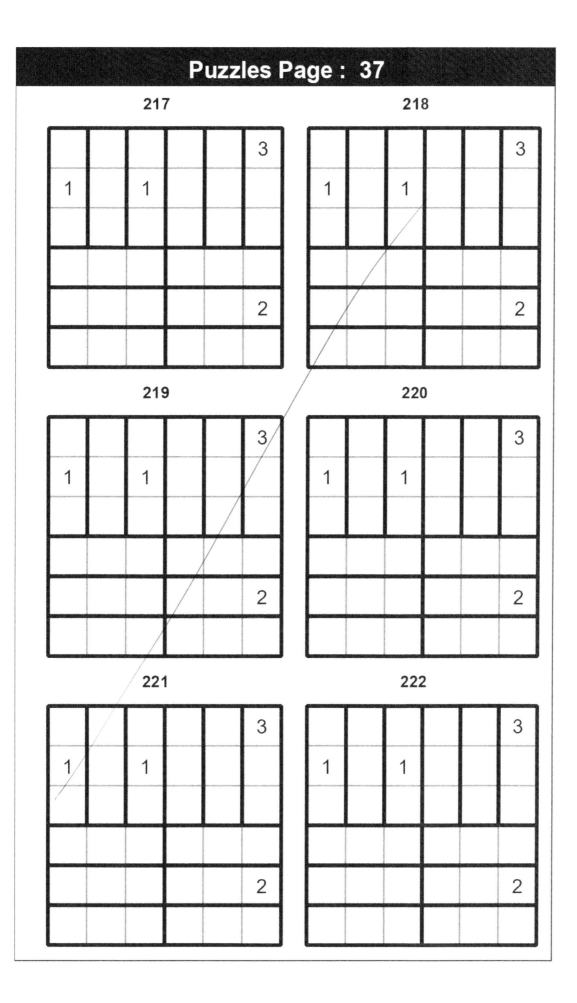

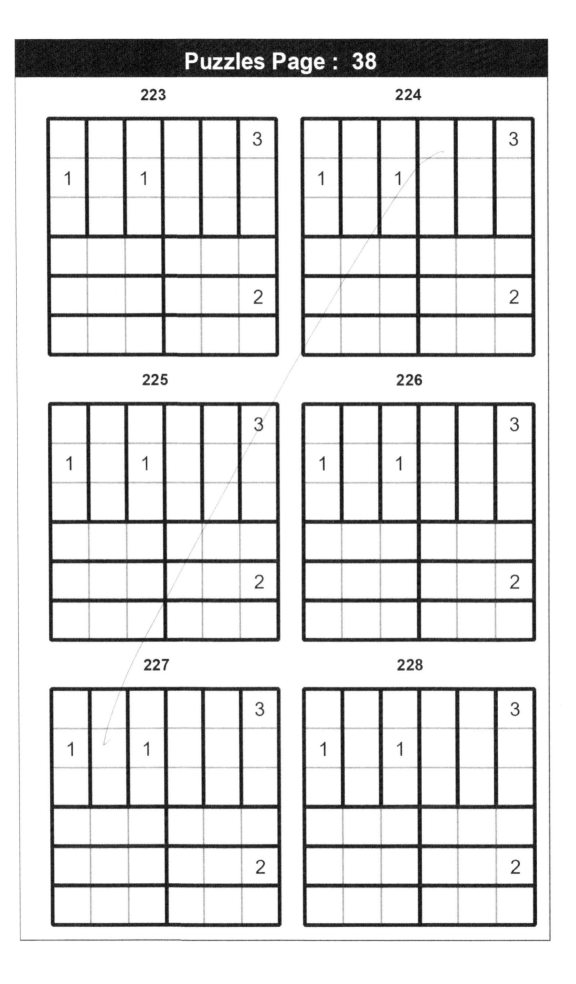

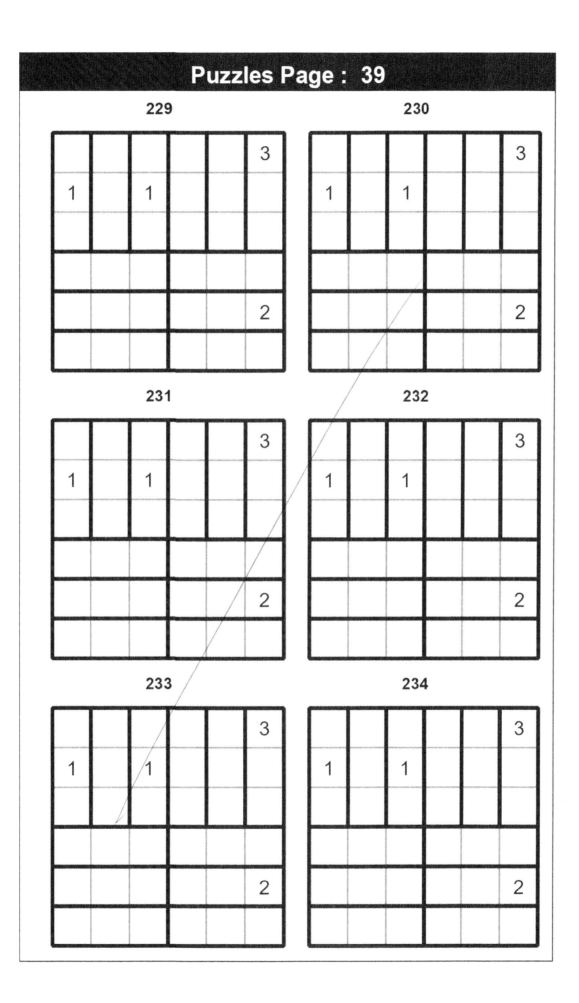

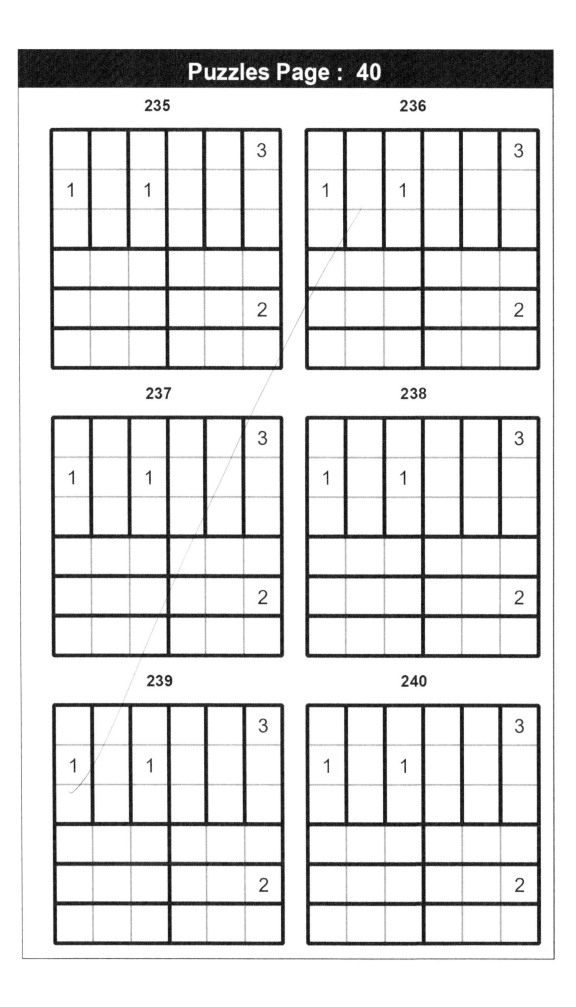

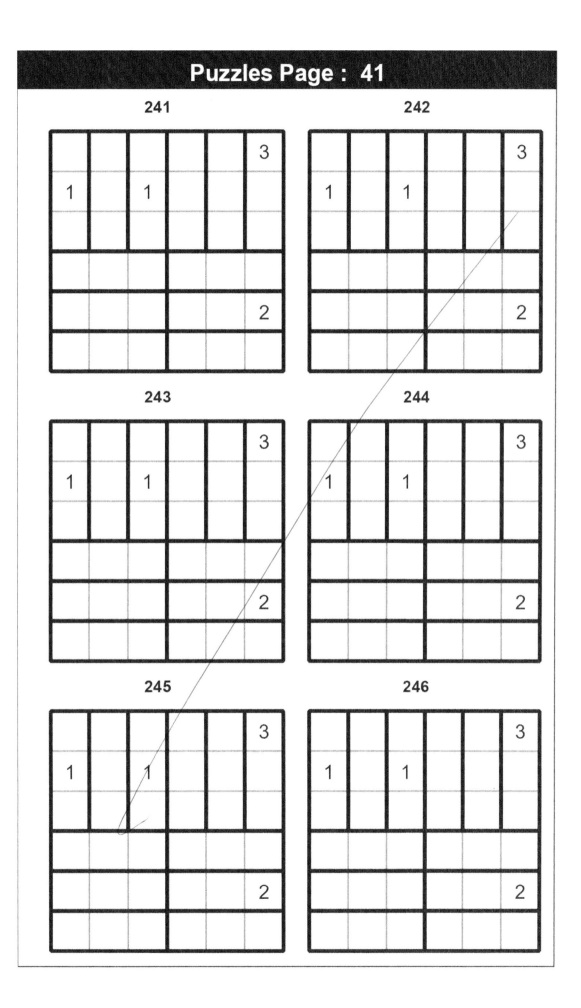

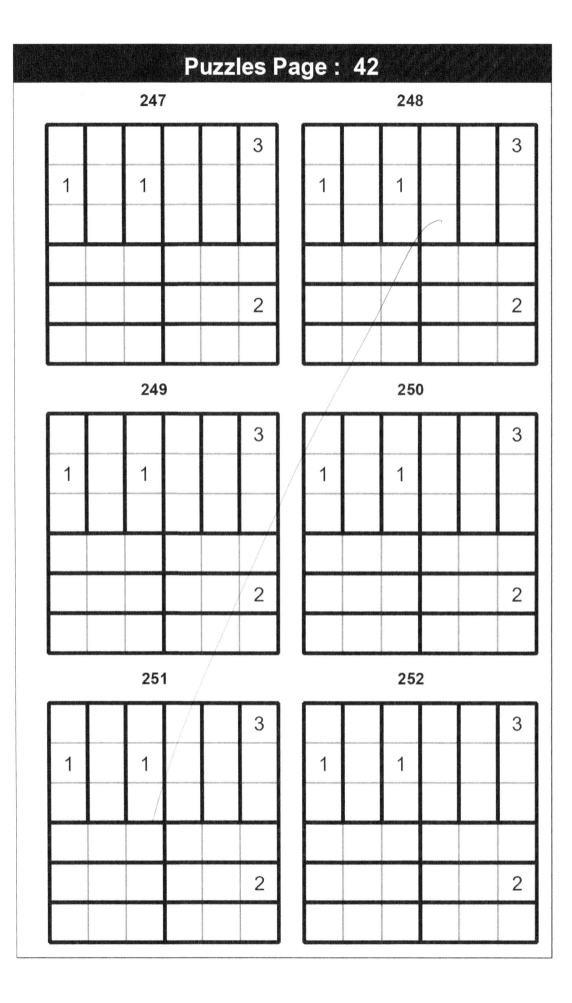

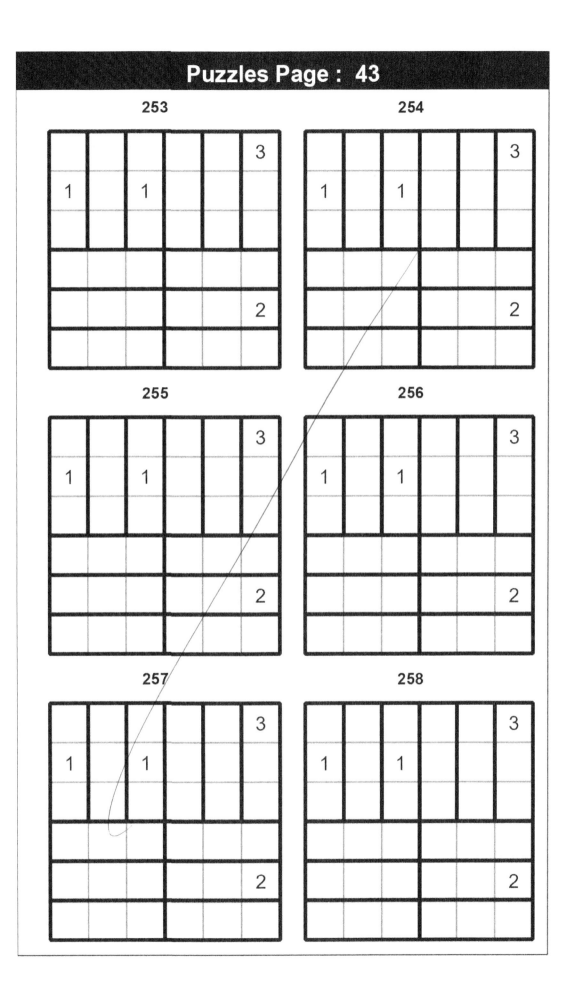

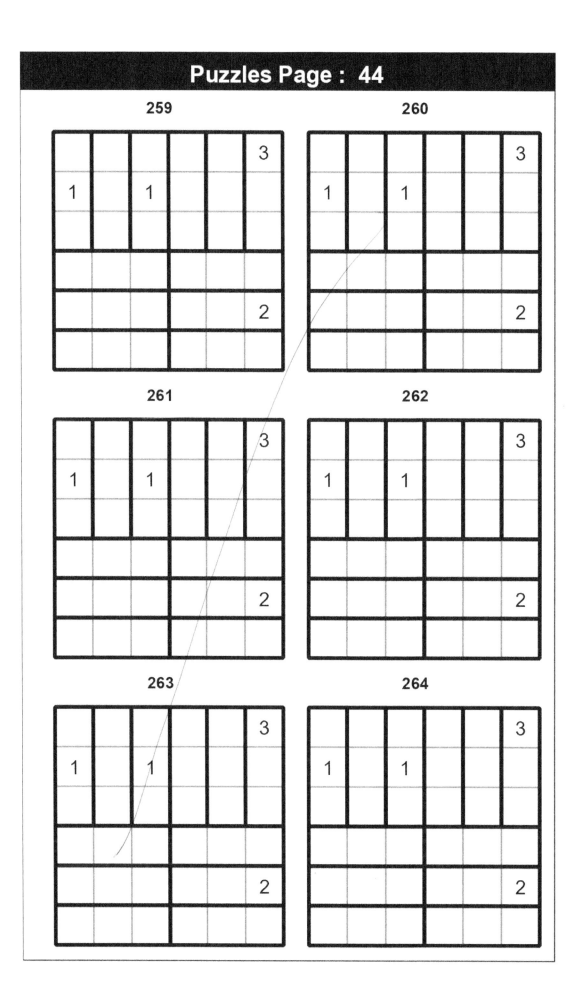

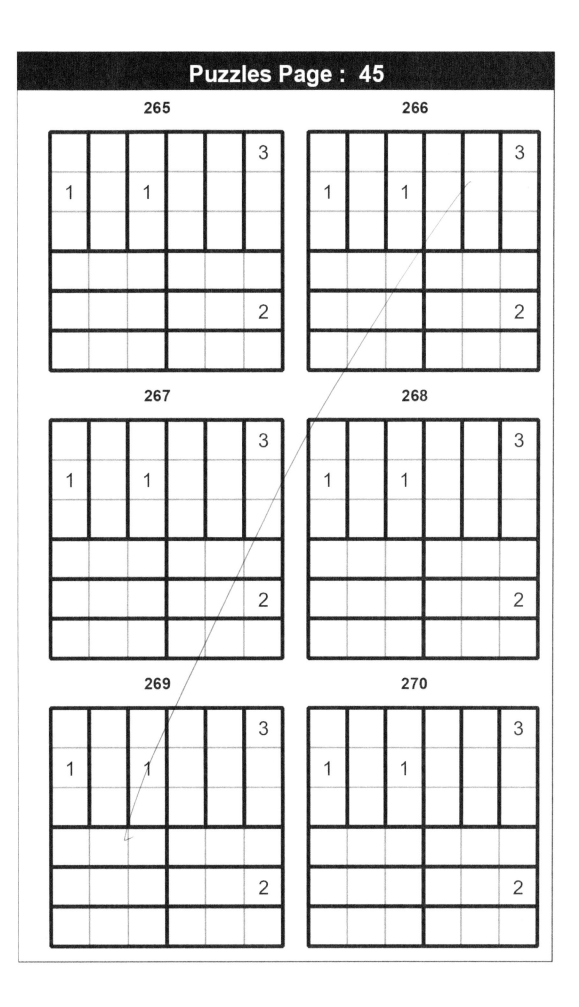

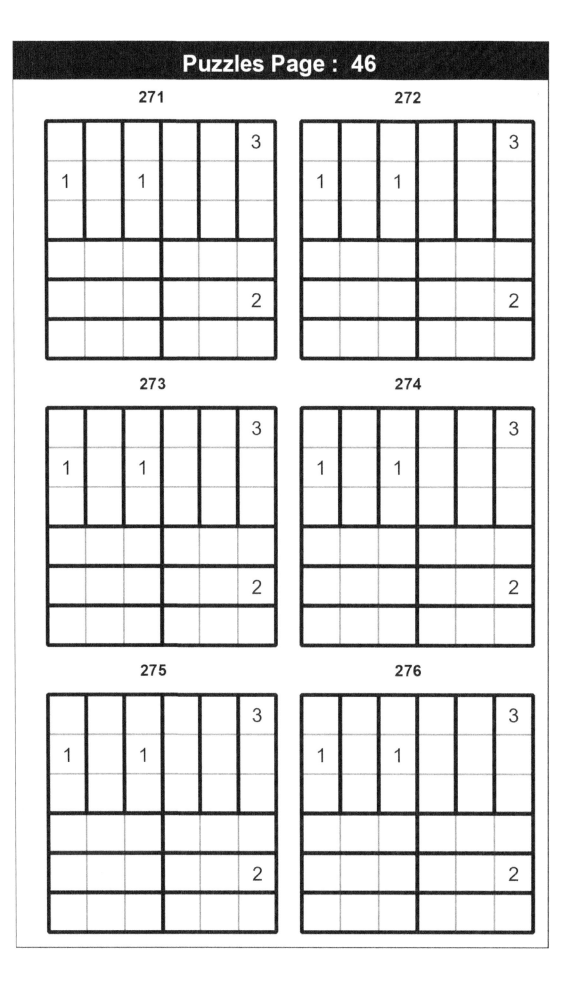

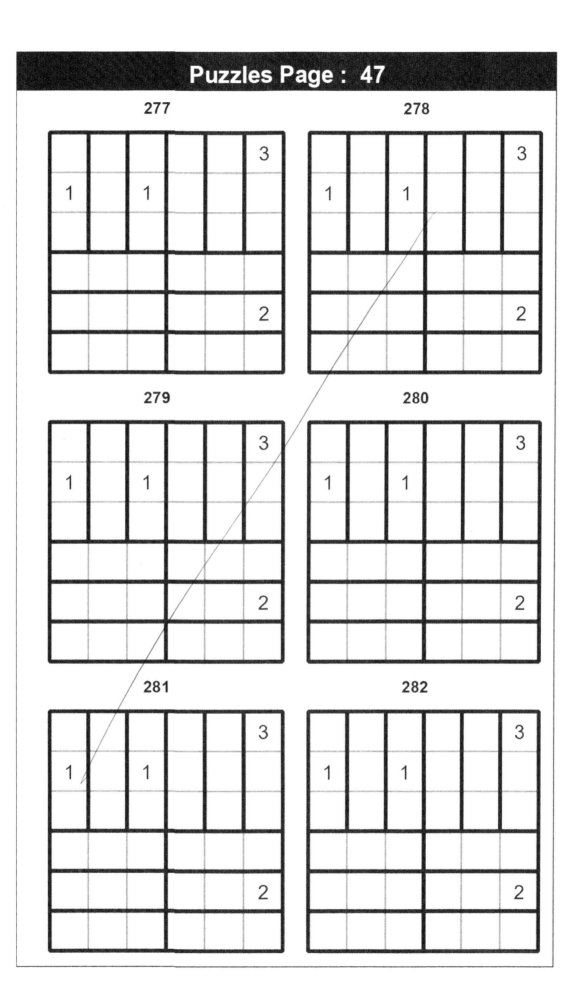

277

278

279

280

281

282

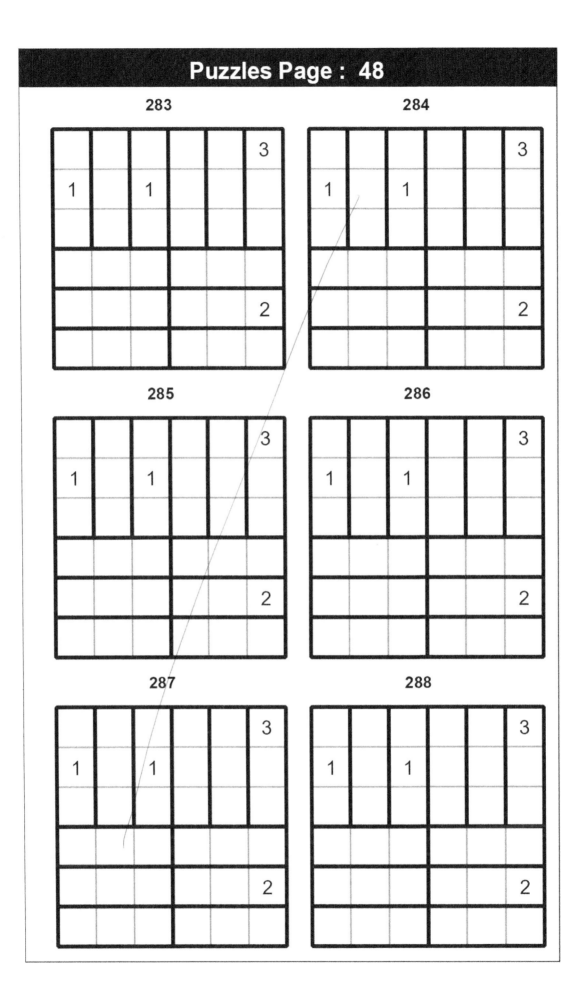

### 283

### 284

### 285

### 286

### 287

### 288

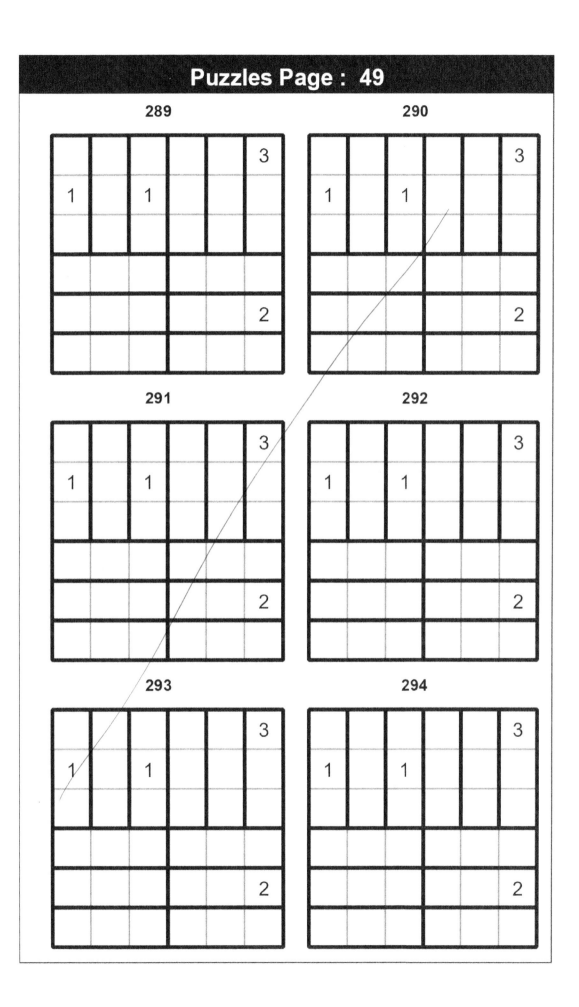

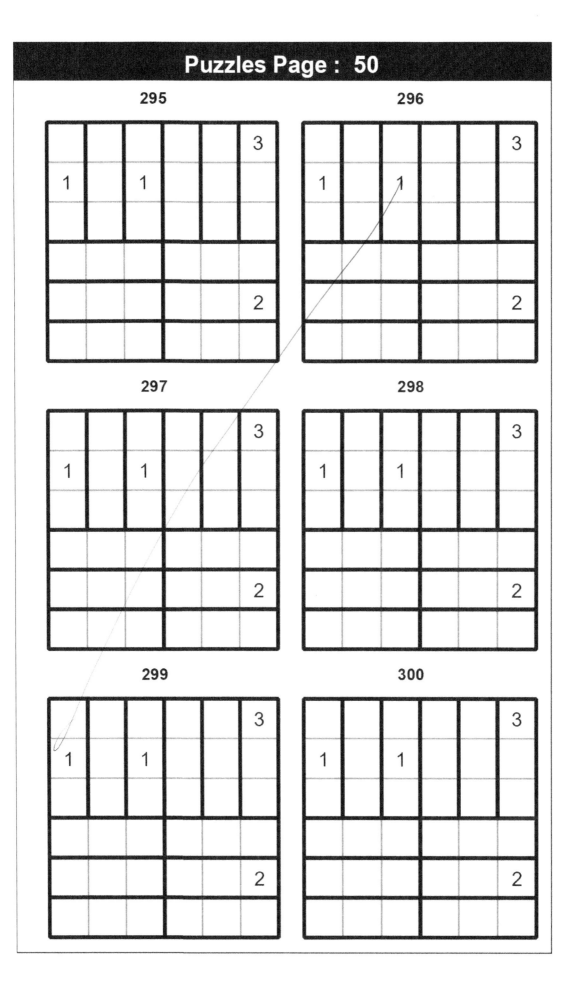

# TATAMI

## PUZZLE SOLUTINS

## 1

| 2 | 1 | 2 | 3 | 1 | 3 |
|---|---|---|---|---|---|
| 1 | 3 | 1 | 2 | 3 | 2 |
| 3 | 2 | 3 | 1 | 2 | 1 |
| 2 | 3 | 1 | 2 | 1 | 3 |
| 1 | 2 | 3 | 1 | 3 | 2 |
| 3 | 1 | 2 | 3 | 2 | 1 |

## 2

| 3 | 1 | 2 | 3 | 1 | 2 | 3 | 1 | 2 |
|---|---|---|---|---|---|---|---|---|
| 2 | 3 | 1 | 2 | 3 | 1 | 2 | 3 | 1 |
| 1 | 2 | 3 | 1 | 2 | 3 | 1 | 2 | 3 |
| 3 | 1 | 2 | 3 | 1 | 2 | 3 | 1 | 2 |
| 2 | 3 | 1 | 2 | 3 | 1 | 2 | 3 | 1 |
| 1 | 2 | 3 | 1 | 2 | 3 | 1 | 2 | 3 |
| 3 | 1 | 2 | 3 | 1 | 2 | 3 | 1 | 2 |
| 1 | 2 | 3 | 1 | 2 | 3 | 1 | 2 | 3 |
| 2 | 3 | 1 | 2 | 3 | 1 | 2 | 3 | 1 |

## 3

| 4 | 3 | 1 | 2 | 1 | 2 | 3 | 4 |
|---|---|---|---|---|---|---|---|
| 1 | 2 | 4 | 3 | 4 | 3 | 2 | 1 |
| 2 | 4 | 2 | 1 | 3 | 4 | 1 | 3 |
| 3 | 2 | 1 | 4 | 1 | 2 | 3 | 4 |
| 1 | 3 | 4 | 3 | 2 | 1 | 4 | 2 |
| 4 | 1 | 3 | 2 | 3 | 4 | 2 | 1 |
| 3 | 4 | 2 | 1 | 4 | 3 | 1 | 2 |
| 2 | 1 | 3 | 4 | 2 | 1 | 4 | 3 |

## 4

| 3 | 5 | 1 | 4 | 2 | 5 | 2 | 3 | 1 | 4 |
|---|---|---|---|---|---|---|---|---|---|
| 4 | 1 | 3 | 5 | 4 | 2 | 1 | 2 | 3 | 5 |
| 5 | 4 | 5 | 2 | 1 | 4 | 3 | 1 | 2 | 3 |
| 2 | 5 | 1 | 3 | 2 | 3 | 4 | 5 | 4 | 1 |
| 1 | 3 | 2 | 4 | 3 | 1 | 5 | 4 | 5 | 2 |
| 3 | 2 | 4 | 1 | 5 | 2 | 3 | 5 | 4 | 1 |
| 1 | 3 | 5 | 2 | 4 | 3 | 2 | 4 | 1 | 5 |
| 5 | 4 | 2 | 1 | 3 | 5 | 4 | 1 | 3 | 2 |
| 2 | 1 | 4 | 3 | 5 | 1 | 5 | 3 | 2 | 4 |
| 4 | 2 | 3 | 5 | 1 | 4 | 1 | 2 | 5 | 3 |

## 5

| 1 | 2 | 3 | 4 | 5 | 4 | 3 | 5 | 1 | 2 |
|---|---|---|---|---|---|---|---|---|---|
| 5 | 3 | 4 | 1 | 2 | 1 | 5 | 4 | 2 | 3 |
| 1 | 4 | 5 | 4 | 3 | 2 | 1 | 2 | 3 | 5 |
| 3 | 2 | 3 | 5 | 4 | 5 | 2 | 1 | 4 | 1 |
| 2 | 5 | 1 | 2 | 1 | 3 | 4 | 3 | 5 | 4 |
| 4 | 1 | 2 | 3 | 5 | 1 | 2 | 4 | 3 | 5 |
| 5 | 3 | 4 | 1 | 2 | 5 | 3 | 1 | 2 | 4 |
| 2 | 4 | 5 | 3 | 1 | 4 | 5 | 2 | 1 | 3 |
| 3 | 5 | 1 | 2 | 4 | 3 | 1 | 5 | 4 | 2 |
| 4 | 1 | 2 | 5 | 3 | 2 | 4 | 3 | 5 | 1 |

## 6

| 4 | 3 | 2 | 1 | 3 | 4 | 1 | 2 | 1 | 3 | 2 | 4 |
|---|---|---|---|---|---|---|---|---|---|---|---|
| 3 | 1 | 3 | 2 | 4 | 1 | 4 | 3 | 2 | 4 | 1 | 2 |
| 4 | 2 | 4 | 1 | 2 | 3 | 1 | 4 | 3 | 1 | 2 | 3 |
| 1 | 3 | 1 | 3 | 1 | 2 | 4 | 2 | 4 | 2 | 3 | 4 |
| 2 | 4 | 2 | 4 | 3 | 1 | 2 | 3 | 1 | 3 | 4 | 1 |
| 1 | 2 | 1 | 3 | 2 | 4 | 3 | 1 | 2 | 4 | 3 | 4 |
| 3 | 4 | 3 | 1 | 4 | 2 | 4 | 3 | 1 | 2 | 1 | 2 |
| 4 | 3 | 2 | 4 | 3 | 4 | 2 | 1 | 3 | 1 | 2 | 1 |
| 2 | 1 | 4 | 2 | 1 | 3 | 1 | 2 | 4 | 3 | 4 | 3 |
| 1 | 2 | 3 | 4 | 2 | 1 | 3 | 4 | 3 | 4 | 1 | 2 |
| 3 | 1 | 4 | 2 | 4 | 3 | 2 | 1 | 4 | 2 | 3 | 1 |
| 2 | 4 | 1 | 3 | 1 | 2 | 3 | 4 | 2 | 1 | 4 | 3 |

### 7

| 4 | 1 | 2 | 3 | 1 | 2 | 3 | 4 | 1 | 2 | 3 | 4 |
|---|---|---|---|---|---|---|---|---|---|---|---|
| 2 | 3 | 4 | 1 | 2 | 4 | 1 | 2 | 3 | 4 | 1 | 3 |
| 1 | 2 | 3 | 4 | 1 | 2 | 3 | 4 | 2 | 1 | 3 | 4 |
| 3 | 4 | 2 | 3 | 4 | 1 | 4 | 2 | 1 | 3 | 1 | 2 |
| 4 | 3 | 4 | 1 | 2 | 3 | 2 | 4 | 3 | 1 | 2 | 1 |
| 2 | 1 | 3 | 4 | 3 | 1 | 4 | 1 | 2 | 4 | 3 | 2 |
| 4 | 2 | 1 | 2 | 1 | 3 | 1 | 3 | 4 | 2 | 4 | 3 |
| 1 | 3 | 2 | 1 | 4 | 2 | 3 | 1 | 3 | 4 | 2 | 4 |
| 3 | 2 | 1 | 4 | 3 | 4 | 2 | 3 | 1 | 2 | 4 | 1 |
| 1 | 4 | 3 | 2 | 4 | 3 | 1 | 2 | 4 | 3 | 1 | 2 |
| 2 | 1 | 4 | 3 | 2 | 1 | 4 | 3 | 2 | 1 | 4 | 3 |
| 3 | 4 | 1 | 2 | 3 | 4 | 2 | 1 | 4 | 3 | 2 | 1 |

### 8

| 3 | 1 | 2 | 3 | 2 | 1 |
|---|---|---|---|---|---|
| 2 | 3 | 1 | 2 | 1 | 3 |
| 1 | 2 | 3 | 1 | 3 | 2 |
| 3 | 1 | 2 | 3 | 2 | 1 |
| 2 | 3 | 1 | 2 | 1 | 3 |
| 1 | 2 | 3 | 1 | 3 | 2 |

### 9

| 2 | 3 | 1 | 2 | 3 | 1 | 2 | 3 | 1 |
|---|---|---|---|---|---|---|---|---|
| 3 | 1 | 2 | 3 | 1 | 2 | 3 | 1 | 2 |
| 1 | 2 | 3 | 1 | 2 | 3 | 1 | 2 | 3 |
| 2 | 3 | 1 | 2 | 3 | 1 | 2 | 3 | 1 |
| 3 | 1 | 2 | 3 | 1 | 2 | 3 | 1 | 2 |
| 1 | 2 | 3 | 2 | 3 | 1 | 2 | 3 | 1 |
| 3 | 1 | 2 | 1 | 2 | 3 | 1 | 2 | 3 |
| 2 | 3 | 1 | 3 | 1 | 2 | 3 | 1 | 2 |
| 1 | 2 | 3 | 1 | 2 | 3 | 1 | 2 | 3 |

### 10

| 4 | 1 | 2 | 3 | 4 | 1 | 2 | 3 |
|---|---|---|---|---|---|---|---|
| 1 | 2 | 3 | 4 | 1 | 3 | 4 | 2 |
| 2 | 3 | 4 | 1 | 3 | 2 | 1 | 4 |
| 4 | 1 | 2 | 3 | 2 | 4 | 3 | 1 |
| 3 | 4 | 1 | 2 | 3 | 1 | 2 | 4 |
| 1 | 2 | 3 | 4 | 1 | 2 | 4 | 3 |
| 2 | 3 | 4 | 1 | 2 | 4 | 3 | 1 |
| 3 | 4 | 1 | 2 | 4 | 3 | 1 | 2 |

### 11

| 4 | 2 | 5 | 1 | 3 | 4 | 5 | 1 | 2 | 3 |
|---|---|---|---|---|---|---|---|---|---|
| 2 | 3 | 4 | 5 | 1 | 3 | 1 | 2 | 4 | 5 |
| 5 | 4 | 3 | 2 | 5 | 4 | 2 | 1 | 3 | 1 |
| 1 | 5 | 2 | 5 | 3 | 1 | 4 | 3 | 2 | 4 |
| 2 | 3 | 4 | 1 | 4 | 5 | 3 | 5 | 1 | 2 |
| 3 | 2 | 1 | 4 | 1 | 2 | 5 | 4 | 5 | 3 |
| 4 | 1 | 5 | 3 | 2 | 3 | 1 | 5 | 4 | 2 |
| 3 | 5 | 1 | 2 | 4 | 5 | 2 | 3 | 1 | 4 |
| 5 | 1 | 3 | 4 | 2 | 1 | 4 | 2 | 3 | 5 |
| 1 | 4 | 2 | 3 | 5 | 2 | 3 | 4 | 5 | 1 |

### 12

| 2 | 5 | 1 | 3 | 4 | 3 | 5 | 1 | 4 | 2 |
|---|---|---|---|---|---|---|---|---|---|
| 1 | 2 | 4 | 5 | 3 | 1 | 2 | 3 | 5 | 4 |
| 5 | 4 | 3 | 4 | 5 | 2 | 3 | 1 | 2 | 1 |
| 2 | 5 | 2 | 1 | 3 | 4 | 5 | 4 | 1 | 3 |
| 1 | 3 | 4 | 5 | 1 | 5 | 4 | 2 | 3 | 2 |
| 3 | 2 | 1 | 2 | 4 | 3 | 1 | 5 | 4 | 5 |
| 4 | 1 | 5 | 3 | 2 | 1 | 2 | 4 | 5 | 3 |
| 3 | 4 | 2 | 1 | 5 | 2 | 4 | 3 | 1 | 5 |
| 5 | 1 | 3 | 4 | 2 | 5 | 1 | 2 | 3 | 4 |
| 4 | 3 | 5 | 2 | 1 | 4 | 3 | 5 | 2 | 1 |

### 13

| 4 | 1 | 2 | 3 | 1 | 2 | 3 | 4 | 1 | 2 | 3 | 4 |
|---|---|---|---|---|---|---|---|---|---|---|---|
| 1 | 2 | 1 | 4 | 2 | 3 | 1 | 3 | 4 | 3 | 4 | 2 |
| 3 | 4 | 2 | 3 | 1 | 4 | 2 | 1 | 2 | 4 | 1 | 3 |
| 4 | 1 | 3 | 4 | 2 | 3 | 4 | 2 | 3 | 1 | 2 | 1 |
| 2 | 3 | 4 | 1 | 3 | 2 | 1 | 4 | 2 | 3 | 1 | 4 |
| 3 | 1 | 3 | 2 | 4 | 1 | 2 | 1 | 4 | 2 | 4 | 3 |
| 4 | 3 | 2 | 3 | 1 | 4 | 3 | 2 | 1 | 4 | 2 | 1 |
| 1 | 2 | 4 | 1 | 4 | 3 | 2 | 4 | 3 | 1 | 3 | 2 |
| 2 | 4 | 1 | 2 | 3 | 1 | 4 | 3 | 2 | 3 | 4 | 1 |
| 1 | 2 | 3 | 4 | 2 | 4 | 3 | 1 | 3 | 4 | 1 | 2 |
| 2 | 3 | 4 | 1 | 4 | 2 | 1 | 3 | 4 | 1 | 2 | 3 |
| 3 | 4 | 1 | 2 | 3 | 1 | 4 | 2 | 1 | 2 | 3 | 4 |

### 14

| 1 | 2 | 1 | 3 | 4 | 3 | 1 | 2 | 4 | 2 | 3 | 4 |
|---|---|---|---|---|---|---|---|---|---|---|---|
| 2 | 3 | 2 | 4 | 1 | 2 | 3 | 4 | 3 | 1 | 4 | 1 |
| 3 | 1 | 3 | 2 | 4 | 1 | 4 | 1 | 2 | 4 | 2 | 3 |
| 4 | 2 | 4 | 1 | 3 | 4 | 2 | 3 | 1 | 3 | 1 | 2 |
| 3 | 4 | 2 | 3 | 1 | 3 | 1 | 2 | 4 | 2 | 4 | 1 |
| 1 | 2 | 3 | 4 | 2 | 1 | 3 | 4 | 1 | 3 | 2 | 4 |
| 4 | 3 | 2 | 1 | 3 | 4 | 2 | 1 | 2 | 4 | 1 | 3 |
| 2 | 4 | 3 | 4 | 1 | 2 | 1 | 3 | 4 | 1 | 3 | 2 |
| 4 | 1 | 4 | 1 | 2 | 3 | 4 | 2 | 3 | 2 | 1 | 3 |
| 1 | 3 | 1 | 2 | 4 | 1 | 3 | 4 | 2 | 4 | 3 | 2 |
| 2 | 1 | 4 | 3 | 2 | 4 | 2 | 3 | 1 | 3 | 4 | 1 |
| 3 | 4 | 1 | 2 | 3 | 2 | 4 | 1 | 3 | 1 | 2 | 4 |

### 15

| 1 | 2 | 3 | 1 | 2 | 3 |
|---|---|---|---|---|---|
| 2 | 3 | 1 | 2 | 3 | 1 |
| 3 | 1 | 2 | 3 | 1 | 2 |
| 1 | 2 | 3 | 2 | 3 | 1 |
| 3 | 1 | 2 | 1 | 2 | 3 |
| 2 | 3 | 1 | 3 | 1 | 2 |

### 16

| 2 | 3 | 1 | 2 | 3 | 1 | 2 | 3 | 1 |
|---|---|---|---|---|---|---|---|---|
| 1 | 2 | 3 | 1 | 2 | 3 | 1 | 2 | 3 |
| 3 | 1 | 2 | 3 | 1 | 2 | 3 | 1 | 2 |
| 2 | 3 | 1 | 2 | 3 | 1 | 2 | 3 | 1 |
| 3 | 1 | 2 | 3 | 1 | 2 | 3 | 1 | 2 |
| 1 | 2 | 3 | 1 | 2 | 3 | 1 | 2 | 3 |
| 2 | 3 | 1 | 2 | 3 | 1 | 2 | 3 | 1 |
| 3 | 1 | 2 | 3 | 1 | 2 | 3 | 1 | 2 |
| 1 | 2 | 3 | 1 | 2 | 3 | 1 | 2 | 3 |

### 17

| 4 | 2 | 3 | 1 | 4 | 1 | 3 | 2 |
|---|---|---|---|---|---|---|---|
| 3 | 4 | 1 | 2 | 3 | 4 | 2 | 1 |
| 1 | 2 | 3 | 4 | 1 | 2 | 4 | 3 |
| 2 | 1 | 4 | 3 | 2 | 3 | 1 | 4 |
| 4 | 3 | 1 | 2 | 1 | 4 | 2 | 3 |
| 3 | 4 | 2 | 1 | 3 | 2 | 4 | 1 |
| 2 | 1 | 4 | 3 | 4 | 3 | 1 | 2 |
| 1 | 3 | 2 | 4 | 2 | 1 | 3 | 4 |

### 18

| 2 | 4 | 2 | 1 | 3 | 5 | 4 | 1 | 3 | 5 |
|---|---|---|---|---|---|---|---|---|---|
| 3 | 5 | 3 | 2 | 1 | 4 | 5 | 2 | 4 | 1 |
| 5 | 2 | 4 | 5 | 3 | 1 | 2 | 3 | 1 | 4 |
| 1 | 3 | 2 | 1 | 4 | 5 | 3 | 4 | 5 | 2 |
| 4 | 1 | 4 | 5 | 2 | 3 | 1 | 5 | 2 | 3 |
| 1 | 2 | 5 | 3 | 1 | 4 | 2 | 4 | 3 | 5 |
| 2 | 1 | 3 | 4 | 5 | 2 | 5 | 1 | 4 | 3 |
| 3 | 5 | 1 | 2 | 4 | 3 | 1 | 5 | 2 | 4 |
| 4 | 3 | 5 | 4 | 2 | 1 | 3 | 2 | 5 | 1 |
| 5 | 4 | 1 | 3 | 5 | 2 | 4 | 3 | 1 | 2 |

## 19

| | | | | | | | | | |
|---|---|---|---|---|---|---|---|---|---|
| 3 | 4 | 1 | 5 | 2 | 1 | 4 | 2 | 5 | 3 |
| 2 | 3 | 4 | 1 | 5 | 2 | 1 | 5 | 3 | 4 |
| 3 | 4 | 5 | 2 | 4 | 3 | 5 | 1 | 2 | 1 |
| 2 | 3 | 1 | 5 | 1 | 4 | 2 | 3 | 4 | 5 |
| 4 | 5 | 2 | 1 | 3 | 5 | 3 | 4 | 1 | 2 |
| 1 | 2 | 4 | 3 | 5 | 1 | 4 | 3 | 2 | 5 |
| 5 | 1 | 3 | 4 | 2 | 5 | 3 | 4 | 1 | 2 |
| 4 | 2 | 5 | 3 | 1 | 2 | 5 | 1 | 3 | 4 |
| 1 | 5 | 2 | 4 | 3 | 4 | 1 | 2 | 5 | 3 |
| 5 | 1 | 3 | 2 | 4 | 3 | 2 | 5 | 4 | 1 |

## 20

| | | | | | | | | | | | |
|---|---|---|---|---|---|---|---|---|---|---|---|
| 1 | 2 | 4 | 1 | 2 | 4 | 1 | 3 | 4 | 3 | 2 | 3 |
| 3 | 4 | 2 | 4 | 3 | 1 | 4 | 1 | 2 | 1 | 3 | 2 |
| 2 | 1 | 3 | 2 | 4 | 3 | 2 | 3 | 1 | 4 | 1 | 4 |
| 4 | 3 | 1 | 3 | 2 | 4 | 1 | 2 | 3 | 2 | 4 | 1 |
| 3 | 1 | 2 | 4 | 1 | 2 | 3 | 4 | 1 | 3 | 2 | 4 |
| 2 | 4 | 2 | 3 | 1 | 2 | 4 | 1 | 3 | 4 | 1 | 2 |
| 1 | 3 | 4 | 3 | 1 | 2 | 4 | 2 | 3 | 2 | 4 | 1 |
| 2 | 1 | 2 | 4 | 3 | 1 | 3 | 4 | 2 | 4 | 1 | 3 |
| 3 | 4 | 1 | 2 | 4 | 3 | 2 | 1 | 4 | 2 | 3 | 1 |
| 4 | 2 | 3 | 1 | 3 | 1 | 4 | 2 | 3 | 4 | 1 | 2 |
| 2 | 4 | 1 | 3 | 4 | 2 | 3 | 1 | 2 | 1 | 4 | 3 |
| 1 | 3 | 4 | 2 | 1 | 3 | 2 | 4 | 1 | 3 | 2 | 4 |

## 21

| | | | | | | | | | | | |
|---|---|---|---|---|---|---|---|---|---|---|---|
| 3 | 1 | 2 | 4 | 1 | 2 | 3 | 4 | 1 | 4 | 2 | 3 |
| 4 | 2 | 1 | 3 | 4 | 1 | 2 | 1 | 3 | 2 | 3 | 4 |
| 1 | 4 | 2 | 1 | 2 | 3 | 4 | 4 | 3 | 1 | 2 | — |
| 3 | 1 | 3 | 2 | 4 | 2 | 3 | 4 | 2 | 1 | 4 | 1 |
| 2 | 3 | 4 | 3 | 1 | 4 | 1 | 2 | 3 | 2 | 1 | 4 |
| 1 | 2 | 1 | 4 | 3 | 1 | 2 | 3 | 4 | 3 | 4 | 2 |
| 2 | 1 | 4 | 3 | 2 | 3 | 1 | 4 | 2 | 1 | 3 | 4 |
| 4 | 2 | 3 | 4 | 1 | 4 | 3 | 2 | 1 | 2 | 1 | 3 |
| 3 | 4 | 1 | 2 | 3 | 2 | 4 | 1 | 3 | 4 | 2 | 1 |
| 4 | 3 | 2 | 1 | 4 | 1 | 2 | 3 | 1 | 3 | 4 | 2 |
| 1 | 4 | 3 | 2 | 3 | 4 | 1 | 2 | 4 | 1 | 2 | 3 |
| 2 | 3 | 4 | 1 | 2 | 3 | 4 | 1 | 2 | 4 | 3 | 1 |

## 22

| | | | | | |
|---|---|---|---|---|---|
| 3 | 1 | 2 | 3 | 1 | 2 |
| 1 | 2 | 3 | 1 | 2 | 3 |
| 2 | 3 | 1 | 2 | 3 | 1 |
| 3 | 1 | 2 | 3 | 1 | 2 |
| 1 | 2 | 3 | 1 | 2 | 3 |
| 2 | 3 | 1 | 2 | 3 | 1 |

## 23

| | | | | | | | | |
|---|---|---|---|---|---|---|---|---|
| 3 | 2 | 3 | 1 | 2 | 3 | 1 | 2 | 1 |
| 1 | 3 | 1 | 2 | 3 | 1 | 2 | 3 | 2 |
| 2 | 1 | 2 | 3 | 1 | 2 | 3 | 1 | 3 |
| 3 | 2 | 3 | 1 | 2 | 3 | 1 | 2 | 1 |
| 1 | 3 | 1 | 2 | 3 | 1 | 2 | 3 | 2 |
| 2 | 1 | 2 | 3 | 1 | 2 | 3 | 1 | 3 |
| 3 | 2 | 3 | 1 | 2 | 3 | 1 | 2 | 1 |
| 1 | 3 | 1 | 2 | 3 | 1 | 2 | 3 | 2 |
| 2 | 1 | 2 | 3 | 1 | 2 | 3 | 1 | 3 |

## 24

| | | | | | | | |
|---|---|---|---|---|---|---|---|
| 1 | 4 | 3 | 4 | 1 | 2 | 3 | 2 |
| 4 | 2 | 4 | 1 | 2 | 3 | 1 | 3 |
| 2 | 3 | 2 | 3 | 4 | 1 | 4 | 1 |
| 3 | 1 | 3 | 2 | 1 | 4 | 2 | 4 |
| 2 | 3 | 1 | 4 | 2 | 1 | 4 | 3 |
| 3 | 4 | 2 | 1 | 3 | 4 | 1 | 2 |
| 1 | 2 | 1 | 3 | 4 | 3 | 2 | 4 |
| 4 | 1 | 4 | 2 | 3 | 2 | 3 | 1 |

## 25

| 5 | 1 | 2 | 4 | 3 | 5 | 1 | 3 | 2 | 4 |
|---|---|---|---|---|---|---|---|---|---|
| 4 | 3 | 1 | 5 | 2 | 1 | 2 | 4 | 5 | 3 |
| 5 | 4 | 2 | 3 | 1 | 2 | 1 | 3 | 4 | 5 |
| 1 | 5 | 4 | 5 | 2 | 4 | 3 | 1 | 3 | 2 |
| 3 | 1 | 5 | 2 | 4 | 3 | 5 | 2 | 1 | 4 |
| 2 | 3 | 1 | 4 | 3 | 5 | 4 | 5 | 2 | 1 |
| 4 | 2 | 3 | 1 | 5 | 1 | 5 | 4 | 3 | 2 |
| 2 | 5 | 4 | 3 | 1 | 4 | 2 | 5 | 1 | 3 |
| 3 | 2 | 5 | 1 | 4 | 2 | 3 | 1 | 4 | 5 |
| 1 | 4 | 3 | 2 | 5 | 3 | 4 | 2 | 5 | 1 |

## 26

| 2 | 3 | 4 | 5 | 1 | 5 | 4 | 1 | 2 | 3 |
|---|---|---|---|---|---|---|---|---|---|
| 3 | 5 | 1 | 4 | 2 | 1 | 5 | 4 | 3 | 2 |
| 1 | 2 | 5 | 2 | 3 | 4 | 1 | 3 | 5 | 4 |
| 5 | 1 | 4 | 3 | 4 | 2 | 3 | 2 | 1 | 5 |
| 2 | 4 | 3 | 5 | 1 | 3 | 2 | 5 | 4 | 1 |
| 4 | 3 | 2 | 1 | 5 | 1 | 3 | 2 | 5 | 4 |
| 5 | 1 | 3 | 4 | 2 | 5 | 4 | 3 | 1 | 2 |
| 4 | 5 | 1 | 2 | 3 | 2 | 5 | 4 | 3 | 1 |
| 1 | 2 | 5 | 3 | 4 | 3 | 2 | 1 | 4 | 5 |
| 3 | 4 | 2 | 1 | 5 | 4 | 1 | 5 | 2 | 3 |

## 27

| 3 | 4 | 1 | 2 | 3 | 1 | 4 | 2 | 4 | 1 | 2 | 3 |
|---|---|---|---|---|---|---|---|---|---|---|---|
| 2 | 3 | 4 | 1 | 4 | 2 | 3 | 4 | 1 | 2 | 3 | 1 |
| 1 | 4 | 1 | 2 | 3 | 4 | 1 | 2 | 3 | 4 | 2 | 3 |
| 2 | 1 | 3 | 4 | 1 | 3 | 4 | 3 | 2 | 1 | 4 | 2 |
| 4 | 3 | 2 | 3 | 2 | 1 | 2 | 1 | 4 | 3 | 1 | 4 |
| 3 | 2 | 4 | 1 | 3 | 2 | 3 | 4 | 1 | 2 | 4 | 1 |
| 1 | 4 | 3 | 4 | 2 | 3 | 1 | 2 | 4 | 1 | 3 | 2 |
| 2 | 1 | 2 | 3 | 4 | 1 | 2 | 4 | 3 | 4 | 1 | 3 |
| 4 | 3 | 1 | 2 | 1 | 4 | 1 | 3 | 2 | 3 | 2 | 4 |
| 3 | 2 | 4 | 1 | 4 | 2 | 3 | 1 | 3 | 4 | 1 | 2 |
| 4 | 1 | 2 | 3 | 1 | 4 | 2 | 3 | 1 | 2 | 3 | 4 |
| 1 | 2 | 3 | 4 | 2 | 3 | 4 | 1 | 2 | 3 | 4 | 1 |

## 28

| 2 | 3 | 1 | 4 | 2 | 3 | 4 | 1 | 2 | 1 | 4 | 3 |
|---|---|---|---|---|---|---|---|---|---|---|---|
| 4 | 1 | 2 | 3 | 4 | 1 | 3 | 4 | 3 | 2 | 1 | 2 |
| 2 | 3 | 4 | 1 | 2 | 3 | 1 | 2 | 4 | 1 | 3 | 4 |
| 3 | 4 | 1 | 2 | 1 | 2 | 4 | 1 | 2 | 3 | 4 | 3 |
| 4 | 3 | 2 | 1 | 3 | 4 | 2 | 3 | 4 | 1 | 2 | 1 |
| 1 | 2 | 3 | 4 | 1 | 2 | 3 | 2 | 3 | 4 | 1 | 4 |
| 2 | 1 | 4 | 3 | 4 | 3 | 1 | 4 | 1 | 2 | 3 | 2 |
| 4 | 2 | 3 | 1 | 2 | 1 | 4 | 1 | 2 | 3 | 4 | 3 |
| 3 | 4 | 1 | 2 | 3 | 4 | 2 | 3 | 1 | 4 | 2 | 1 |
| 1 | 2 | 3 | 4 | 1 | 2 | 3 | 4 | 3 | 2 | 1 | 4 |
| 3 | 1 | 4 | 2 | 3 | 4 | 1 | 2 | 1 | 4 | 3 | 2 |
| 1 | 4 | 2 | 3 | 4 | 1 | 2 | 3 | 4 | 3 | 2 | 1 |

## 29

| 1 | 2 | 3 | 1 | 2 | 3 |
|---|---|---|---|---|---|
| 2 | 3 | 1 | 2 | 3 | 1 |
| 3 | 1 | 2 | 3 | 1 | 2 |
| 1 | 2 | 3 | 1 | 2 | 3 |
| 3 | 1 | 2 | 3 | 1 | 2 |
| 2 | 3 | 1 | 2 | 3 | 1 |

## 30

| 2 | 3 | 1 | 2 | 3 | 1 | 2 | 3 | 1 |
|---|---|---|---|---|---|---|---|---|
| 1 | 2 | 3 | 1 | 2 | 3 | 1 | 2 | 3 |
| 3 | 1 | 2 | 3 | 1 | 2 | 3 | 1 | 2 |
| 2 | 3 | 1 | 2 | 3 | 1 | 2 | 3 | 1 |
| 3 | 1 | 2 | 3 | 1 | 2 | 3 | 1 | 2 |
| 1 | 2 | 3 | 1 | 2 | 3 | 1 | 2 | 3 |
| 2 | 3 | 1 | 2 | 3 | 1 | 2 | 3 | 1 |
| 3 | 1 | 2 | 3 | 1 | 2 | 3 | 1 | 2 |
| 1 | 2 | 3 | 1 | 2 | 3 | 1 | 2 | 3 |

### 31

| 1 | 3 | 4 | 2 | 3 | 1 | 4 | 2 |
|---|---|---|---|---|---|---|---|
| 2 | 4 | 1 | 3 | 1 | 3 | 2 | 4 |
| 1 | 2 | 3 | 4 | 2 | 4 | 3 | 1 |
| 4 | 1 | 2 | 3 | 4 | 2 | 1 | 3 |
| 2 | 3 | 4 | 1 | 2 | 4 | 3 | 1 |
| 3 | 2 | 1 | 4 | 1 | 2 | 4 | 3 |
| 4 | 1 | 3 | 2 | 3 | 1 | 2 | 4 |
| 3 | 4 | 2 | 1 | 4 | 3 | 1 | 2 |

### 32

| 1 | 5 | 2 | 3 | 4 | 2 | 3 | 5 | 4 | 1 |
|---|---|---|---|---|---|---|---|---|---|
| 5 | 1 | 3 | 4 | 2 | 4 | 2 | 3 | 1 | 5 |
| 1 | 2 | 4 | 3 | 4 | 1 | 5 | 2 | 5 | 3 |
| 2 | 1 | 5 | 1 | 5 | 2 | 3 | 4 | 3 | 4 |
| 3 | 4 | 1 | 5 | 2 | 3 | 1 | 5 | 4 | 2 |
| 4 | 5 | 3 | 2 | 3 | 5 | 4 | 1 | 2 | 1 |
| 5 | 3 | 2 | 4 | 1 | 3 | 2 | 4 | 1 | 5 |
| 2 | 4 | 1 | 5 | 3 | 5 | 4 | 1 | 2 | 3 |
| 4 | 3 | 5 | 2 | 1 | 4 | 1 | 3 | 5 | 2 |
| 3 | 2 | 4 | 1 | 5 | 1 | 5 | 2 | 3 | 4 |

### 33

| 1 | 2 | 5 | 3 | 4 | 3 | 4 | 1 | 2 | 5 |
|---|---|---|---|---|---|---|---|---|---|
| 2 | 4 | 3 | 1 | 5 | 4 | 2 | 3 | 5 | 1 |
| 5 | 2 | 4 | 2 | 3 | 1 | 5 | 1 | 3 | 4 |
| 4 | 3 | 5 | 1 | 2 | 3 | 4 | 5 | 1 | 2 |
| 1 | 4 | 1 | 3 | 5 | 2 | 3 | 4 | 2 | 5 |
| 2 | 5 | 3 | 4 | 1 | 5 | 1 | 2 | 4 | 3 |
| 3 | 1 | 2 | 5 | 4 | 2 | 5 | 3 | 1 | 4 |
| 4 | 5 | 1 | 2 | 3 | 1 | 2 | 4 | 5 | 3 |
| 3 | 1 | 4 | 5 | 2 | 5 | 3 | 2 | 4 | 1 |
| 5 | 3 | 2 | 4 | 1 | 4 | 1 | 5 | 3 | 2 |

### 34

| 2 | 1 | 3 | 4 | 2 | 4 | 1 | 3 | 2 | 3 | 1 | 4 |
|---|---|---|---|---|---|---|---|---|---|---|---|
| 1 | 4 | 2 | 3 | 4 | 2 | 3 | 1 | 3 | 4 | 2 | 1 |
| 2 | 1 | 3 | 4 | 2 | 3 | 1 | 4 | 1 | 2 | 4 | 3 |
| 3 | 2 | 4 | 2 | 3 | 1 | 4 | 1 | 4 | 1 | 3 | 2 |
| 4 | 3 | 1 | 4 | 1 | 2 | 3 | 2 | 3 | 4 | 2 | 1 |
| 1 | 4 | 2 | 3 | 2 | 4 | 2 | 3 | 1 | 3 | 1 | 4 |
| 3 | 1 | 3 | 1 | 4 | 1 | 3 | 2 | 4 | 2 | 4 | 2 |
| 2 | 3 | 4 | 2 | 1 | 4 | 2 | 1 | 3 | 4 | 3 | 1 |
| 4 | 2 | 1 | 3 | 4 | 3 | 1 | 4 | 2 | 1 | 2 | 3 |
| 1 | 4 | 2 | 1 | 3 | 2 | 4 | 3 | 4 | 3 | 1 | 2 |
| 4 | 3 | 1 | 2 | 1 | 3 | 2 | 4 | 2 | 1 | 3 | 4 |
| 3 | 2 | 4 | 1 | 3 | 1 | 4 | 2 | 1 | 2 | 4 | 3 |

### 35

| 4 | 1 | 2 | 3 | 4 | 3 | 1 | 2 | 3 | 4 | 2 | 1 |
|---|---|---|---|---|---|---|---|---|---|---|---|
| 2 | 4 | 3 | 1 | 3 | 1 | 4 | 3 | 2 | 1 | 4 | 2 |
| 1 | 2 | 4 | 2 | 4 | 3 | 1 | 2 | 3 | 4 | 3 | 1 |
| 2 | 4 | 3 | 4 | 1 | 2 | 4 | 3 | 1 | 2 | 1 | 3 |
| 3 | 1 | 2 | 1 | 2 | 4 | 3 | 1 | 4 | 3 | 2 | 4 |
| 4 | 3 | 1 | 3 | 4 | 1 | 2 | 4 | 2 | 1 | 3 | 2 |
| 2 | 1 | 4 | 2 | 3 | 2 | 3 | 1 | 4 | 3 | 4 | 1 |
| 1 | 3 | 1 | 3 | 2 | 3 | 4 | 2 | 1 | 4 | 2 | 4 |
| 3 | 4 | 2 | 4 | 1 | 4 | 2 | 1 | 3 | 2 | 1 | 3 |
| 4 | 2 | 3 | 1 | 2 | 1 | 3 | 4 | 2 | 1 | 3 | 4 |
| 1 | 3 | 4 | 2 | 1 | 4 | 2 | 3 | 4 | 2 | 1 | 3 |
| 3 | 2 | 1 | 4 | 3 | 2 | 1 | 4 | 1 | 3 | 4 | 2 |

### 36

| 3 | 1 | 2 | 1 | 2 | 3 |
|---|---|---|---|---|---|
| 1 | 2 | 3 | 2 | 3 | 1 |
| 2 | 3 | 1 | 3 | 1 | 2 |
| 3 | 1 | 2 | 1 | 2 | 3 |
| 1 | 2 | 3 | 2 | 3 | 1 |
| 2 | 3 | 1 | 3 | 1 | 2 |

### 37

| 2 | 3 | 1 | 2 | 3 | 1 | 2 | 3 | 1 |
|---|---|---|---|---|---|---|---|---|
| 3 | 1 | 2 | 3 | 1 | 2 | 3 | 1 | 2 |
| 1 | 2 | 3 | 1 | 2 | 3 | 1 | 2 | 3 |
| 2 | 3 | 1 | 2 | 3 | 1 | 2 | 3 | 1 |
| 3 | 1 | 2 | 3 | 1 | 2 | 3 | 1 | 2 |
| 1 | 2 | 3 | 1 | 2 | 3 | 1 | 2 | 3 |
| 2 | 3 | 1 | 2 | 3 | 1 | 2 | 3 | 1 |
| 3 | 1 | 2 | 3 | 1 | 2 | 3 | 1 | 2 |
| 1 | 2 | 3 | 1 | 2 | 3 | 1 | 2 | 3 |

### 38

| 3 | 1 | 4 | 2 | 3 | 4 | 1 | 2 |
|---|---|---|---|---|---|---|---|
| 1 | 4 | 2 | 3 | 4 | 1 | 2 | 3 |
| 4 | 2 | 4 | 1 | 3 | 2 | 3 | 1 |
| 2 | 3 | 1 | 3 | 2 | 4 | 1 | 4 |
| 3 | 1 | 2 | 4 | 1 | 3 | 4 | 2 |
| 1 | 4 | 3 | 2 | 4 | 2 | 3 | 1 |
| 2 | 3 | 1 | 4 | 1 | 3 | 2 | 4 |
| 4 | 2 | 3 | 1 | 2 | 1 | 4 | 3 |

### 39

| 2 | 3 | 2 | 5 | 4 | 3 | 1 | 5 | 1 | 4 |
|---|---|---|---|---|---|---|---|---|---|
| 5 | 4 | 5 | 1 | 2 | 4 | 3 | 2 | 3 | 1 |
| 3 | 1 | 3 | 2 | 4 | 5 | 1 | 4 | 2 | 5 |
| 1 | 5 | 4 | 3 | 1 | 2 | 5 | 3 | 4 | 2 |
| 4 | 2 | 5 | 4 | 3 | 1 | 2 | 1 | 5 | 3 |
| 5 | 3 | 4 | 2 | 1 | 3 | 5 | 4 | 2 | 1 |
| 2 | 4 | 1 | 4 | 3 | 5 | 2 | 3 | 1 | 5 |
| 3 | 5 | 2 | 3 | 5 | 1 | 4 | 1 | 4 | 2 |
| 1 | 2 | 1 | 5 | 2 | 4 | 3 | 5 | 3 | 4 |
| 4 | 1 | 3 | 1 | 5 | 2 | 4 | 2 | 5 | 3 |

### 40

| 4 | 5 | 1 | 2 | 3 | 1 | 5 | 2 | 3 | 4 |
|---|---|---|---|---|---|---|---|---|---|
| 5 | 3 | 2 | 1 | 4 | 3 | 4 | 1 | 5 | 2 |
| 3 | 4 | 3 | 4 | 5 | 2 | 1 | 5 | 2 | 1 |
| 1 | 2 | 4 | 5 | 1 | 4 | 3 | 2 | 3 | 5 |
| 2 | 1 | 5 | 1 | 4 | 5 | 2 | 3 | 4 | 3 |
| 5 | 3 | 2 | 3 | 2 | 1 | 5 | 4 | 1 | 4 |
| 4 | 5 | 1 | 2 | 3 | 5 | 4 | 1 | 2 | 3 |
| 1 | 4 | 3 | 5 | 2 | 3 | 1 | 4 | 5 | 2 |
| 3 | 2 | 5 | 4 | 1 | 2 | 3 | 5 | 4 | 1 |
| 2 | 1 | 4 | 3 | 5 | 4 | 2 | 3 | 1 | 5 |

### 41

| 1 | 2 | 3 | 1 | 4 | 1 | 2 | 3 | 4 | 2 | 3 | 4 |
|---|---|---|---|---|---|---|---|---|---|---|---|
| 3 | 4 | 1 | 2 | 1 | 2 | 3 | 4 | 1 | 3 | 4 | 2 |
| 2 | 1 | 4 | 3 | 2 | 3 | 4 | 1 | 2 | 4 | 1 | 3 |
| 4 | 3 | 2 | 4 | 3 | 4 | 1 | 2 | 3 | 1 | 2 | 1 |
| 2 | 4 | 1 | 2 | 4 | 3 | 2 | 3 | 1 | 4 | 1 | 3 |
| 1 | 2 | 4 | 3 | 1 | 2 | 4 | 1 | 3 | 2 | 3 | 4 |
| 3 | 1 | 2 | 1 | 4 | 3 | 2 | 3 | 4 | 1 | 4 | 2 |
| 4 | 3 | 1 | 4 | 1 | 2 | 3 | 4 | 2 | 3 | 2 | 1 |
| 1 | 2 | 3 | 2 | 3 | 4 | 1 | 2 | 1 | 4 | 3 | 4 |
| 2 | 3 | 4 | 3 | 2 | 1 | 3 | 4 | 2 | 1 | 4 | 1 |
| 4 | 1 | 2 | 1 | 3 | 4 | 1 | 2 | 4 | 3 | 2 | 3 |
| 3 | 4 | 3 | 4 | 2 | 1 | 4 | 1 | 3 | 2 | 1 | 2 |

### 42

| 2 | 1 | 2 | 3 | 1 | 3 |
|---|---|---|---|---|---|
| 1 | 3 | 1 | 2 | 3 | 2 |
| 3 | 2 | 3 | 1 | 2 | 1 |
| 2 | 3 | 1 | 2 | 1 | 3 |
| 1 | 2 | 3 | 1 | 3 | 2 |
| 3 | 1 | 2 | 3 | 2 | 1 |

### 43

| 2 | 3 | 1 | 2 | 1 | 3 |
|---|---|---|---|---|---|
| 1 | 2 | 3 | 1 | 3 | 2 |
| 2 | 3 | 1 | 3 | 2 | 1 |
| 3 | 1 | 2 | 1 | 3 | 2 |
| 1 | 2 | 3 | 2 | 1 | 3 |
| 3 | 1 | 2 | 3 | 2 | 1 |

### 44

| 1 | 2 | 3 | 1 | 2 | 3 | 1 | 2 | 3 |
|---|---|---|---|---|---|---|---|---|
| 2 | 3 | 1 | 2 | 3 | 1 | 2 | 3 | 1 |
| 3 | 1 | 2 | 3 | 1 | 2 | 3 | 1 | 2 |
| 1 | 2 | 3 | 1 | 2 | 3 | 1 | 2 | 3 |
| 3 | 1 | 2 | 3 | 1 | 2 | 3 | 1 | 2 |
| 2 | 3 | 1 | 2 | 3 | 1 | 2 | 3 | 1 |
| 3 | 1 | 2 | 3 | 1 | 2 | 3 | 1 | 2 |
| 2 | 3 | 1 | 2 | 3 | 1 | 2 | 3 | 1 |
| 1 | 2 | 3 | 1 | 2 | 3 | 1 | 2 | 3 |

### 45

| 2 | 1 | 3 | 4 | 1 | 3 | 4 | 2 |
|---|---|---|---|---|---|---|---|
| 1 | 2 | 4 | 3 | 2 | 1 | 3 | 4 |
| 3 | 4 | 1 | 2 | 3 | 2 | 4 | 1 |
| 1 | 3 | 2 | 4 | 1 | 4 | 2 | 3 |
| 2 | 1 | 4 | 3 | 4 | 3 | 1 | 2 |
| 4 | 2 | 3 | 1 | 2 | 1 | 3 | 4 |
| 3 | 4 | 1 | 2 | 3 | 4 | 2 | 1 |
| 4 | 3 | 2 | 1 | 4 | 2 | 1 | 3 |

### 46

| 5 | 2 | 4 | 1 | 3 | 4 | 3 | 5 | 1 | 2 |
|---|---|---|---|---|---|---|---|---|---|
| 2 | 3 | 5 | 2 | 1 | 3 | 4 | 1 | 4 | 5 |
| 3 | 2 | 1 | 3 | 2 | 4 | 5 | 4 | 5 | 1 |
| 4 | 5 | 2 | 1 | 5 | 1 | 3 | 2 | 3 | 4 |
| 1 | 4 | 3 | 4 | 3 | 5 | 2 | 5 | 1 | 2 |
| 5 | 1 | 4 | 5 | 4 | 2 | 1 | 3 | 2 | 3 |
| 3 | 4 | 1 | 2 | 5 | 3 | 4 | 2 | 5 | 1 |
| 4 | 5 | 2 | 3 | 1 | 5 | 1 | 3 | 2 | 4 |
| 2 | 1 | 3 | 5 | 4 | 2 | 5 | 1 | 4 | 3 |
| 1 | 3 | 5 | 4 | 2 | 1 | 2 | 4 | 3 | 5 |

### 47

| 5 | 3 | 2 | 4 | 1 | 4 | 3 | 2 | 1 | 5 |
|---|---|---|---|---|---|---|---|---|---|
| 4 | 5 | 1 | 2 | 3 | 5 | 4 | 3 | 2 | 1 |
| 2 | 3 | 4 | 5 | 1 | 2 | 3 | 4 | 1 | 5 |
| 3 | 2 | 3 | 1 | 2 | 4 | 5 | 1 | 5 | 4 |
| 4 | 5 | 1 | 2 | 3 | 1 | 2 | 5 | 4 | 3 |
| 1 | 4 | 5 | 4 | 5 | 3 | 1 | 2 | 3 | 2 |
| 5 | 1 | 2 | 3 | 4 | 2 | 4 | 3 | 5 | 1 |
| 1 | 4 | 3 | 5 | 2 | 5 | 1 | 4 | 2 | 3 |
| 2 | 1 | 4 | 3 | 5 | 1 | 2 | 5 | 3 | 4 |
| 3 | 2 | 5 | 1 | 4 | 3 | 5 | 1 | 4 | 2 |

### 48

| 2 | 4 | 2 | 3 | 1 | 4 | 3 | 1 | 4 | 2 | 1 | 3 |
|---|---|---|---|---|---|---|---|---|---|---|---|
| 3 | 1 | 4 | 2 | 3 | 1 | 2 | 3 | 1 | 4 | 2 | 4 |
| 4 | 2 | 1 | 3 | 2 | 4 | 3 | 1 | 4 | 1 | 3 | 2 |
| 1 | 3 | 2 | 4 | 1 | 3 | 4 | 2 | 3 | 2 | 4 | 1 |
| 3 | 1 | 3 | 1 | 4 | 2 | 1 | 4 | 2 | 3 | 2 | 4 |
| 4 | 2 | 4 | 3 | 1 | 4 | 2 | 1 | 3 | 1 | 3 | 2 |
| 2 | 3 | 2 | 4 | 2 | 1 | 3 | 4 | 1 | 3 | 4 | 1 |
| 1 | 4 | 3 | 1 | 3 | 2 | 4 | 2 | 4 | 2 | 1 | 3 |
| 4 | 3 | 1 | 2 | 4 | 3 | 1 | 3 | 2 | 4 | 2 | 1 |
| 1 | 4 | 3 | 4 | 2 | 1 | 4 | 2 | 3 | 1 | 3 | 2 |
| 2 | 1 | 4 | 1 | 3 | 2 | 1 | 4 | 2 | 3 | 4 | 3 |
| 3 | 2 | 1 | 2 | 4 | 3 | 2 | 3 | 1 | 4 | 1 | 4 |

### 49

| 1 | 3 | 1 | 3 | 4 | 2 | 3 | 4 | 1 | 2 | 4 | 2 |
|---|---|---|---|---|---|---|---|---|---|---|---|
| 2 | 1 | 2 | 1 | 3 | 4 | 1 | 3 | 4 | 3 | 2 | 4 |
| 3 | 4 | 3 | 2 | 4 | 1 | 2 | 4 | 1 | 2 | 3 | 1 |
| 4 | 2 | 1 | 3 | 2 | 4 | 3 | 1 | 2 | 4 | 1 | 3 |
| 1 | 4 | 2 | 4 | 1 | 3 | 4 | 2 | 3 | 1 | 3 | 2 |
| 2 | 3 | 4 | 1 | 3 | 2 | 3 | 4 | 1 | 2 | 4 | 1 |
| 3 | 2 | 1 | 2 | 4 | 3 | 4 | 1 | 2 | 3 | 1 | 4 |
| 4 | 1 | 2 | 4 | 3 | 1 | 2 | 3 | 4 | 1 | 2 | 3 |
| 3 | 4 | 3 | 1 | 2 | 4 | 1 | 2 | 3 | 4 | 1 | 2 |
| 2 | 1 | 4 | 3 | 1 | 2 | 4 | 1 | 2 | 3 | 4 | 3 |
| 4 | 2 | 3 | 4 | 2 | 1 | 2 | 3 | 4 | 1 | 3 | 1 |
| 1 | 3 | 4 | 2 | 1 | 3 | 1 | 2 | 3 | 4 | 2 | 4 |

### 50

| 2 | 3 | 1 | 2 | 1 | 3 |
|---|---|---|---|---|---|
| 3 | 1 | 2 | 3 | 2 | 1 |
| 1 | 2 | 3 | 1 | 3 | 2 |
| 2 | 3 | 1 | 2 | 1 | 3 |
| 3 | 1 | 2 | 3 | 2 | 1 |
| 1 | 2 | 3 | 1 | 3 | 2 |

### 51

| 1 | 2 | 3 | 1 | 2 | 3 | 1 | 2 | 3 |
|---|---|---|---|---|---|---|---|---|
| 3 | 1 | 2 | 3 | 1 | 2 | 3 | 1 | 2 |
| 2 | 3 | 1 | 2 | 3 | 1 | 2 | 3 | 1 |
| 1 | 2 | 3 | 1 | 2 | 3 | 1 | 2 | 3 |
| 2 | 3 | 1 | 2 | 3 | 1 | 2 | 3 | 1 |
| 3 | 1 | 2 | 3 | 1 | 2 | 3 | 1 | 2 |
| 1 | 2 | 3 | 1 | 2 | 3 | 1 | 2 | 3 |
| 2 | 3 | 1 | 2 | 3 | 1 | 2 | 3 | 1 |
| 3 | 1 | 2 | 3 | 1 | 2 | 3 | 1 | 2 |

### 52

| 1 | 3 | 2 | 4 | 1 | 3 | 4 | 2 |
|---|---|---|---|---|---|---|---|
| 2 | 4 | 3 | 1 | 2 | 4 | 1 | 3 |
| 3 | 1 | 4 | 3 | 1 | 2 | 4 | 2 |
| 4 | 3 | 1 | 2 | 4 | 3 | 2 | 1 |
| 2 | 4 | 2 | 1 | 3 | 1 | 3 | 4 |
| 1 | 2 | 3 | 4 | 2 | 4 | 1 | 3 |
| 3 | 1 | 4 | 2 | 3 | 1 | 2 | 4 |
| 4 | 2 | 1 | 3 | 4 | 2 | 3 | 1 |

### 53

| 3 | 4 | 5 | 1 | 3 | 2 | 4 | 1 | 2 | 5 |
|---|---|---|---|---|---|---|---|---|---|
| 5 | 3 | 4 | 5 | 2 | 1 | 3 | 2 | 1 | 4 |
| 4 | 5 | 3 | 4 | 1 | 2 | 1 | 3 | 5 | 2 |
| 1 | 2 | 4 | 5 | 3 | 1 | 2 | 5 | 4 | 3 |
| 2 | 5 | 1 | 2 | 4 | 3 | 5 | 4 | 3 | 1 |
| 3 | 1 | 2 | 3 | 5 | 4 | 1 | 5 | 4 | 2 |
| 2 | 3 | 1 | 2 | 4 | 5 | 3 | 4 | 5 | 1 |
| 4 | 1 | 5 | 4 | 2 | 3 | 2 | 1 | 3 | 5 |
| 5 | 4 | 2 | 3 | 1 | 5 | 4 | 2 | 1 | 3 |
| 1 | 2 | 3 | 1 | 5 | 4 | 5 | 3 | 2 | 4 |

### 54

| 2 | 3 | 4 | 5 | 1 | 4 | 3 | 5 | 1 | 2 |
|---|---|---|---|---|---|---|---|---|---|
| 3 | 1 | 5 | 1 | 2 | 5 | 4 | 3 | 2 | 4 |
| 4 | 2 | 1 | 2 | 3 | 1 | 5 | 4 | 3 | 5 |
| 5 | 3 | 4 | 3 | 4 | 2 | 1 | 2 | 5 | 1 |
| 1 | 5 | 2 | 4 | 5 | 3 | 2 | 1 | 4 | 3 |
| 2 | 4 | 3 | 5 | 1 | 4 | 3 | 2 | 5 | 1 |
| 5 | 1 | 2 | 3 | 4 | 5 | 1 | 3 | 4 | 2 |
| 3 | 4 | 5 | 1 | 2 | 3 | 2 | 4 | 1 | 5 |
| 1 | 2 | 3 | 4 | 5 | 1 | 4 | 5 | 2 | 3 |
| 4 | 5 | 1 | 2 | 3 | 2 | 5 | 1 | 3 | 4 |

## 55

| 1 | 3 | 4 | 1 | 3 | 2 | 3 | 2 | 4 | 1 | 4 | 2 |
|---|---|---|---|---|---|---|---|---|---|---|---|
| 4 | 2 | 1 | 2 | 4 | 3 | 4 | 3 | 1 | 2 | 3 | 1 |
| 2 | 4 | 2 | 1 | 2 | 4 | 3 | 1 | 3 | 4 | 1 | 3 |
| 3 | 1 | 3 | 4 | 1 | 2 | 4 | 3 | 2 | 1 | 2 | 4 |
| 2 | 3 | 1 | 3 | 4 | 1 | 3 | 2 | 4 | 2 | 4 | 1 |
| 4 | 1 | 4 | 2 | 3 | 2 | 1 | 4 | 1 | 3 | 2 | 3 |
| 1 | 2 | 3 | 1 | 4 | 3 | 2 | 1 | 2 | 4 | 3 | 4 |
| 3 | 4 | 2 | 3 | 2 | 4 | 1 | 4 | 1 | 3 | 1 | 2 |
| 4 | 3 | 4 | 2 | 1 | 3 | 4 | 2 | 3 | 1 | 2 | 1 |
| 3 | 2 | 1 | 4 | 3 | 1 | 2 | 3 | 4 | 2 | 1 | 4 |
| 2 | 1 | 2 | 3 | 1 | 4 | 1 | 4 | 2 | 3 | 4 | 3 |
| 1 | 4 | 3 | 4 | 2 | 1 | 2 | 1 | 3 | 4 | 3 | 2 |

## 56

| 3 | 4 | 1 | 2 | 3 | 4 | 1 | 2 | 3 | 2 | 4 | 1 |
|---|---|---|---|---|---|---|---|---|---|---|---|
| 4 | 3 | 2 | 1 | 4 | 3 | 2 | 1 | 4 | 3 | 1 | 2 |
| 2 | 1 | 3 | 4 | 2 | 4 | 1 | 4 | 3 | 1 | 2 | 3 |
| 3 | 4 | 2 | 1 | 3 | 1 | 2 | 1 | 2 | 4 | 3 | 4 |
| 4 | 2 | 3 | 2 | 1 | 3 | 4 | 3 | 1 | 2 | 4 | 1 |
| 1 | 4 | 2 | 1 | 3 | 2 | 3 | 2 | 4 | 3 | 1 | 4 |
| 2 | 1 | 4 | 3 | 4 | 1 | 2 | 3 | 1 | 4 | 2 | 3 |
| 4 | 3 | 1 | 4 | 2 | 3 | 4 | 1 | 2 | 1 | 3 | 2 |
| 1 | 2 | 4 | 3 | 1 | 4 | 3 | 2 | 3 | 2 | 4 | 1 |
| 3 | 1 | 3 | 2 | 4 | 2 | 1 | 4 | 1 | 3 | 2 | 4 |
| 1 | 2 | 4 | 3 | 2 | 1 | 4 | 3 | 4 | 1 | 3 | 2 |
| 2 | 3 | 1 | 4 | 1 | 2 | 3 | 4 | 2 | 4 | 1 | 3 |

## 57

| 3 | 2 | 1 | 2 | 3 | 1 |
|---|---|---|---|---|---|
| 2 | 1 | 3 | 1 | 2 | 3 |
| 3 | 2 | 1 | 3 | 1 | 2 |
| 1 | 3 | 2 | 1 | 2 | 3 |
| 2 | 1 | 3 | 2 | 3 | 1 |
| 1 | 3 | 2 | 3 | 1 | 2 |

## 58

| 1 | 3 | 2 | 1 | 2 | 3 | 2 | 3 | 1 |
|---|---|---|---|---|---|---|---|---|
| 2 | 1 | 3 | 2 | 3 | 1 | 3 | 1 | 2 |
| 1 | 3 | 2 | 3 | 1 | 2 | 1 | 2 | 3 |
| 2 | 1 | 3 | 1 | 2 | 3 | 2 | 3 | 1 |
| 3 | 2 | 1 | 3 | 1 | 2 | 1 | 2 | 3 |
| 2 | 1 | 3 | 2 | 3 | 1 | 3 | 1 | 2 |
| 3 | 2 | 1 | 3 | 1 | 2 | 1 | 2 | 3 |
| 1 | 3 | 2 | 1 | 2 | 3 | 2 | 3 | 1 |
| 3 | 2 | 1 | 2 | 3 | 1 | 3 | 1 | 2 |

## 59

| 3 | 1 | 4 | 2 | 3 | 2 | 4 | 1 |
|---|---|---|---|---|---|---|---|
| 1 | 2 | 3 | 4 | 1 | 3 | 2 | 4 |
| 2 | 3 | 4 | 1 | 2 | 4 | 1 | 3 |
| 4 | 1 | 3 | 2 | 4 | 1 | 3 | 2 |
| 1 | 4 | 2 | 3 | 1 | 2 | 4 | 3 |
| 3 | 2 | 1 | 4 | 2 | 3 | 1 | 4 |
| 4 | 3 | 2 | 1 | 3 | 4 | 2 | 1 |
| 2 | 4 | 1 | 3 | 4 | 1 | 3 | 2 |

## 60

| 1 | 3 | 4 | 5 | 2 | 5 | 1 | 2 | 3 | 4 |
|---|---|---|---|---|---|---|---|---|---|
| 4 | 5 | 2 | 3 | 1 | 2 | 3 | 4 | 5 | 1 |
| 1 | 2 | 3 | 4 | 5 | 1 | 4 | 2 | 3 | 5 |
| 3 | 4 | 2 | 5 | 4 | 3 | 1 | 5 | 1 | 2 |
| 2 | 5 | 1 | 2 | 1 | 4 | 5 | 3 | 4 | 3 |
| 4 | 3 | 5 | 1 | 3 | 5 | 2 | 1 | 2 | 4 |
| 5 | 1 | 4 | 3 | 2 | 4 | 3 | 5 | 1 | 2 |
| 2 | 4 | 3 | 1 | 5 | 3 | 2 | 4 | 5 | 1 |
| 3 | 1 | 5 | 2 | 4 | 2 | 5 | 1 | 4 | 3 |
| 5 | 2 | 1 | 4 | 3 | 1 | 4 | 3 | 2 | 5 |

### 61

| 3 | 1 | 4 | 5 | 2 | 3 | 4 | 2 | 5 | 1 |
|---|---|---|---|---|---|---|---|---|---|
| 5 | 2 | 1 | 3 | 4 | 5 | 3 | 1 | 4 | 2 |
| 2 | 3 | 2 | 4 | 1 | 3 | 4 | 5 | 1 | 5 |
| 1 | 4 | 3 | 2 | 5 | 2 | 5 | 4 | 3 | 1 |
| 5 | 1 | 4 | 5 | 4 | 1 | 2 | 3 | 2 | 3 |
| 3 | 5 | 1 | 3 | 2 | 4 | 1 | 2 | 5 | 4 |
| 4 | 2 | 5 | 1 | 3 | 2 | 5 | 1 | 4 | 3 |
| 1 | 3 | 2 | 4 | 5 | 4 | 1 | 3 | 2 | 5 |
| 4 | 5 | 3 | 2 | 1 | 5 | 3 | 4 | 1 | 2 |
| 2 | 4 | 5 | 1 | 3 | 1 | 2 | 5 | 3 | 4 |

### 62

| 1 | 4 | 2 | 3 | 2 | 3 | 4 | 1 | 3 | 4 | 2 | 1 |
|---|---|---|---|---|---|---|---|---|---|---|---|
| 2 | 1 | 3 | 4 | 1 | 2 | 3 | 4 | 1 | 2 | 3 | 4 |
| 1 | 4 | 1 | 2 | 3 | 4 | 1 | 2 | 3 | 4 | 2 | 3 |
| 3 | 2 | 3 | 4 | 1 | 2 | 4 | 1 | 4 | 3 | 1 | 2 |
| 4 | 3 | 2 | 3 | 4 | 1 | 2 | 3 | 2 | 1 | 4 | 1 |
| 3 | 1 | 4 | 1 | 2 | 3 | 4 | 1 | 4 | 2 | 3 | 2 |
| 4 | 2 | 3 | 2 | 1 | 4 | 3 | 4 | 3 | 1 | 2 | 1 |
| 1 | 3 | 4 | 1 | 2 | 3 | 2 | 3 | 2 | 4 | 1 | 4 |
| 2 | 4 | 1 | 2 | 3 | 4 | 1 | 2 | 1 | 3 | 4 | 3 |
| 3 | 2 | 4 | 1 | 4 | 1 | 2 | 3 | 4 | 1 | 3 | 2 |
| 2 | 3 | 1 | 4 | 3 | 2 | 1 | 4 | 2 | 3 | 1 | 4 |
| 4 | 1 | 2 | 3 | 4 | 1 | 3 | 2 | 1 | 2 | 4 | 3 |

### 63

| 2 | 1 | 2 | 3 | 1 | 3 |
|---|---|---|---|---|---|
| 1 | 3 | 1 | 2 | 3 | 2 |
| 3 | 2 | 3 | 1 | 2 | 1 |
| 2 | 3 | 1 | 2 | 1 | 3 |
| 1 | 2 | 3 | 1 | 3 | 2 |
| 3 | 1 | 2 | 3 | 2 | 1 |

### 64

| 2 | 3 | 1 | 2 | 1 | 3 |
|---|---|---|---|---|---|
| 1 | 2 | 3 | 1 | 3 | 2 |
| 2 | 3 | 1 | 3 | 2 | 1 |
| 3 | 1 | 2 | 1 | 3 | 2 |
| 1 | 2 | 3 | 2 | 1 | 3 |
| 3 | 1 | 2 | 3 | 2 | 1 |

### 65

| 1 | 2 | 3 | 1 | 2 | 3 | 2 | 3 | 1 |
|---|---|---|---|---|---|---|---|---|
| 2 | 3 | 1 | 2 | 1 | 2 | 3 | 1 | 3 |
| 1 | 2 | 3 | 1 | 3 | 1 | 2 | 3 | 2 |
| 3 | 1 | 2 | 3 | 1 | 2 | 3 | 2 | 1 |
| 1 | 2 | 3 | 1 | 2 | 3 | 1 | 3 | 2 |
| 2 | 3 | 1 | 2 | 3 | 1 | 2 | 1 | 3 |
| 3 | 1 | 2 | 3 | 2 | 3 | 1 | 2 | 1 |
| 2 | 3 | 1 | 2 | 3 | 1 | 3 | 1 | 2 |
| 3 | 1 | 2 | 3 | 1 | 2 | 1 | 2 | 3 |

### 66

| 4 | 1 | 2 | 3 | 2 | 3 | 4 | 1 |
|---|---|---|---|---|---|---|---|
| 2 | 3 | 4 | 1 | 3 | 1 | 2 | 4 |
| 1 | 2 | 3 | 2 | 4 | 3 | 4 | 1 |
| 3 | 1 | 4 | 1 | 2 | 4 | 3 | 2 |
| 4 | 3 | 2 | 4 | 1 | 2 | 1 | 3 |
| 2 | 4 | 1 | 3 | 4 | 1 | 3 | 2 |
| 1 | 2 | 3 | 4 | 1 | 4 | 2 | 3 |
| 3 | 4 | 1 | 2 | 3 | 2 | 1 | 4 |

## 67

| 4 | 5 | 1 | 2 | 3 | 5 | 2 | 3 | 1 | 4 |
|---|---|---|---|---|---|---|---|---|---|
| 5 | 4 | 5 | 3 | 1 | 3 | 1 | 2 | 4 | 2 |
| 4 | 3 | 4 | 5 | 3 | 2 | 5 | 1 | 2 | 1 |
| 1 | 2 | 1 | 2 | 5 | 4 | 3 | 4 | 5 | 3 |
| 2 | 1 | 3 | 4 | 2 | 1 | 4 | 5 | 3 | 5 |
| 3 | 5 | 2 | 1 | 4 | 2 | 5 | 3 | 4 | 1 |
| 5 | 2 | 4 | 3 | 1 | 3 | 1 | 5 | 2 | 4 |
| 1 | 3 | 5 | 4 | 2 | 4 | 2 | 1 | 5 | 3 |
| 2 | 4 | 3 | 1 | 5 | 1 | 4 | 2 | 3 | 5 |
| 3 | 1 | 2 | 5 | 4 | 5 | 3 | 4 | 1 | 2 |

## 68

| 4 | 1 | 5 | 3 | 2 | 5 | 1 | 2 | 3 | 4 |
|---|---|---|---|---|---|---|---|---|---|
| 3 | 4 | 1 | 2 | 5 | 1 | 3 | 4 | 2 | 5 |
| 4 | 3 | 5 | 3 | 1 | 2 | 5 | 1 | 4 | 2 |
| 5 | 1 | 2 | 4 | 2 | 3 | 4 | 5 | 1 | 3 |
| 1 | 2 | 4 | 5 | 3 | 4 | 2 | 3 | 5 | 1 |
| 2 | 5 | 3 | 1 | 4 | 1 | 4 | 2 | 3 | 5 |
| 1 | 2 | 4 | 5 | 3 | 2 | 3 | 4 | 5 | 1 |
| 5 | 3 | 2 | 1 | 4 | 5 | 1 | 3 | 4 | 2 |
| 2 | 5 | 3 | 4 | 1 | 3 | 5 | 1 | 2 | 4 |
| 3 | 4 | 1 | 2 | 5 | 4 | 2 | 5 | 1 | 3 |

## 69

| 1 | 3 | 4 | 2 | 3 | 2 | 4 | 1 | 4 | 3 | 1 | 2 |
|---|---|---|---|---|---|---|---|---|---|---|---|
| 4 | 1 | 2 | 3 | 4 | 3 | 2 | 4 | 1 | 2 | 3 | 1 |
| 1 | 2 | 4 | 1 | 3 | 1 | 3 | 2 | 3 | 4 | 2 | 4 |
| 2 | 3 | 2 | 4 | 1 | 4 | 1 | 3 | 2 | 1 | 4 | 3 |
| 3 | 4 | 1 | 2 | 3 | 2 | 4 | 1 | 3 | 4 | 1 | 2 |
| 4 | 2 | 3 | 4 | 1 | 3 | 1 | 2 | 1 | 2 | 3 | 4 |
| 1 | 3 | 4 | 3 | 2 | 4 | 2 | 3 | 2 | 1 | 4 | 1 |
| 3 | 1 | 2 | 1 | 4 | 2 | 4 | 1 | 4 | 3 | 2 | 3 |
| 2 | 4 | 1 | 3 | 2 | 1 | 3 | 4 | 2 | 4 | 3 | 1 |
| 4 | 1 | 3 | 2 | 4 | 3 | 1 | 2 | 4 | 3 | 1 | 2 |
| 3 | 2 | 1 | 4 | 1 | 4 | 2 | 3 | 1 | 2 | 4 | 3 |
| 2 | 4 | 3 | 1 | 2 | 1 | 3 | 4 | 3 | 1 | 2 | 4 |

## 70

| 2 | 1 | 3 | 4 | 3 | 2 | 4 | 1 | 2 | 3 | 4 | 1 |
|---|---|---|---|---|---|---|---|---|---|---|---|
| 3 | 2 | 4 | 1 | 4 | 1 | 2 | 3 | 4 | 1 | 2 | 3 |
| 4 | 1 | 2 | 4 | 1 | 2 | 3 | 2 | 3 | 4 | 3 | 1 |
| 1 | 4 | 3 | 1 | 2 | 3 | 4 | 3 | 1 | 2 | 4 | 2 |
| 3 | 2 | 4 | 2 | 4 | 1 | 3 | 1 | 2 | 3 | 1 | 4 |
| 2 | 3 | 1 | 4 | 2 | 3 | 1 | 4 | 1 | 4 | 3 | 2 |
| 4 | 1 | 4 | 1 | 3 | 4 | 2 | 3 | 2 | 3 | 2 | 1 |
| 2 | 3 | 1 | 3 | 1 | 2 | 4 | 1 | 4 | 2 | 4 | 3 |
| 3 | 2 | 3 | 2 | 3 | 4 | 1 | 2 | 1 | 4 | 1 | 4 |
| 1 | 4 | 2 | 3 | 4 | 1 | 2 | 4 | 3 | 1 | 3 | 2 |
| 4 | 3 | 1 | 2 | 1 | 4 | 3 | 2 | 4 | 2 | 1 | 3 |
| 1 | 4 | 2 | 3 | 2 | 3 | 1 | 4 | 3 | 1 | 2 | 4 |

## 71

| 2 | 3 | 1 | 2 | 3 | 1 |
|---|---|---|---|---|---|
| 3 | 1 | 2 | 3 | 1 | 2 |
| 1 | 2 | 3 | 1 | 2 | 3 |
| 2 | 3 | 1 | 2 | 3 | 1 |
| 3 | 1 | 2 | 3 | 1 | 2 |
| 1 | 2 | 3 | 1 | 2 | 3 |

## 72

| 3 | 1 | 2 | 3 | 1 | 2 | 3 | 1 | 2 |
|---|---|---|---|---|---|---|---|---|
| 1 | 2 | 3 | 1 | 2 | 3 | 1 | 2 | 3 |
| 2 | 3 | 1 | 2 | 3 | 1 | 2 | 3 | 1 |
| 3 | 1 | 2 | 3 | 1 | 2 | 3 | 1 | 2 |
| 1 | 2 | 3 | 1 | 2 | 3 | 1 | 2 | 3 |
| 2 | 3 | 1 | 2 | 3 | 1 | 2 | 3 | 1 |
| 3 | 1 | 2 | 3 | 1 | 2 | 3 | 1 | 2 |
| 1 | 2 | 3 | 1 | 2 | 3 | 1 | 2 | 3 |
| 2 | 3 | 1 | 2 | 3 | 1 | 2 | 3 | 1 |

**73**

| 2 | 1 | 2 | 3 | 4 | 1 | 3 | 4 |
|---|---|---|---|---|---|---|---|
| 3 | 2 | 3 | 4 | 1 | 2 | 4 | 1 |
| 4 | 3 | 4 | 1 | 2 | 3 | 1 | 2 |
| 1 | 4 | 1 | 2 | 3 | 4 | 2 | 3 |
| 3 | 2 | 3 | 1 | 4 | 1 | 4 | 2 |
| 4 | 3 | 4 | 2 | 1 | 2 | 3 | 1 |
| 1 | 4 | 1 | 3 | 2 | 3 | 2 | 4 |
| 2 | 1 | 2 | 4 | 3 | 4 | 1 | 3 |

**74**

| 5 | 3 | 1 | 4 | 2 | 5 | 2 | 1 | 3 | 4 |
|---|---|---|---|---|---|---|---|---|---|
| 1 | 2 | 5 | 2 | 3 | 1 | 4 | 3 | 4 | 5 |
| 5 | 1 | 2 | 4 | 5 | 3 | 1 | 4 | 2 | 3 |
| 2 | 3 | 4 | 3 | 1 | 4 | 5 | 2 | 5 | 1 |
| 3 | 4 | 1 | 5 | 4 | 2 | 3 | 5 | 1 | 2 |
| 4 | 5 | 3 | 1 | 2 | 3 | 5 | 4 | 2 | 1 |
| 1 | 4 | 5 | 2 | 3 | 2 | 1 | 3 | 4 | 5 |
| 2 | 5 | 3 | 1 | 4 | 5 | 2 | 1 | 3 | 4 |
| 3 | 2 | 4 | 5 | 1 | 4 | 3 | 5 | 1 | 2 |
| 4 | 1 | 2 | 3 | 5 | 1 | 4 | 2 | 5 | 3 |

**75**

| 4 | 1 | 2 | 3 | 5 | 3 | 2 | 4 | 5 | 1 |
|---|---|---|---|---|---|---|---|---|---|
| 2 | 3 | 4 | 5 | 1 | 4 | 3 | 5 | 1 | 2 |
| 4 | 5 | 2 | 4 | 5 | 3 | 1 | 2 | 3 | 1 |
| 1 | 2 | 4 | 5 | 1 | 5 | 2 | 3 | 4 | 3 |
| 2 | 3 | 5 | 2 | 3 | 1 | 4 | 1 | 5 | 4 |
| 3 | 1 | 3 | 1 | 4 | 2 | 5 | 4 | 2 | 5 |
| 5 | 4 | 1 | 3 | 2 | 5 | 4 | 1 | 3 | 2 |
| 3 | 2 | 5 | 1 | 4 | 1 | 3 | 5 | 2 | 4 |
| 5 | 4 | 1 | 2 | 3 | 2 | 1 | 3 | 4 | 5 |
| 1 | 5 | 3 | 4 | 2 | 4 | 5 | 2 | 1 | 3 |

**76**

| 1 | 2 | 4 | 3 | 1 | 2 | 3 | 4 | 1 | 4 | 2 | 3 |
|---|---|---|---|---|---|---|---|---|---|---|---|
| 2 | 4 | 1 | 4 | 2 | 3 | 4 | 1 | 3 | 1 | 3 | 2 |
| 3 | 1 | 2 | 1 | 4 | 2 | 3 | 2 | 4 | 3 | 4 | 1 |
| 4 | 2 | 3 | 2 | 3 | 4 | 1 | 3 | 1 | 2 | 1 | 4 |
| 1 | 3 | 4 | 3 | 4 | 1 | 2 | 4 | 2 | 3 | 2 | 1 |
| 3 | 4 | 1 | 2 | 3 | 4 | 1 | 2 | 3 | 2 | 1 | 4 |
| 1 | 2 | 3 | 4 | 1 | 2 | 3 | 4 | 1 | 4 | 3 | 2 |
| 4 | 1 | 2 | 3 | 2 | 3 | 4 | 1 | 2 | 1 | 4 | 3 |
| 2 | 4 | 3 | 1 | 4 | 1 | 2 | 3 | 4 | 2 | 3 | 1 |
| 4 | 3 | 1 | 2 | 1 | 4 | 1 | 2 | 3 | 4 | 2 | 3 |
| 3 | 1 | 2 | 4 | 2 | 3 | 4 | 1 | 2 | 3 | 1 | 4 |
| 2 | 3 | 4 | 1 | 3 | 1 | 2 | 3 | 4 | 1 | 4 | 2 |

**77**

| 1 | 2 | 3 | 4 | 1 | 2 | 1 | 3 | 4 | 2 | 3 | 4 |
|---|---|---|---|---|---|---|---|---|---|---|---|
| 4 | 3 | 1 | 3 | 2 | 4 | 2 | 4 | 3 | 1 | 2 | 1 |
| 3 | 4 | 2 | 4 | 3 | 1 | 3 | 1 | 2 | 4 | 1 | 2 |
| 2 | 1 | 3 | 1 | 2 | 3 | 4 | 2 | 4 | 1 | 4 | 3 |
| 1 | 4 | 2 | 3 | 4 | 1 | 2 | 3 | 1 | 3 | 2 | 4 |
| 2 | 3 | 4 | 2 | 1 | 4 | 1 | 4 | 3 | 2 | 3 | 1 |
| 4 | 2 | 1 | 4 | 3 | 2 | 3 | 1 | 2 | 4 | 1 | 3 |
| 3 | 1 | 2 | 1 | 4 | 3 | 4 | 2 | 3 | 1 | 4 | 2 |
| 1 | 3 | 4 | 2 | 1 | 2 | 3 | 4 | 1 | 2 | 3 | 4 |
| 4 | 2 | 3 | 1 | 2 | 3 | 4 | 1 | 4 | 3 | 2 | 1 |
| 2 | 4 | 1 | 3 | 4 | 1 | 2 | 3 | 2 | 4 | 1 | 3 |
| 3 | 1 | 4 | 2 | 3 | 4 | 1 | 2 | 1 | 3 | 4 | 2 |

**78**

| 2 | 3 | 1 | 2 | 3 | 1 |
|---|---|---|---|---|---|
| 1 | 2 | 3 | 1 | 2 | 3 |
| 2 | 3 | 1 | 3 | 1 | 2 |
| 3 | 1 | 2 | 1 | 2 | 3 |
| 1 | 2 | 3 | 2 | 3 | 1 |
| 3 | 1 | 2 | 3 | 1 | 2 |

## 79

| 2 | 3 | 1 | 2 | 3 | 1 | 2 | 3 | 1 |
|---|---|---|---|---|---|---|---|---|
| 3 | 1 | 2 | 3 | 1 | 2 | 3 | 1 | 2 |
| 1 | 2 | 3 | 1 | 2 | 3 | 1 | 2 | 3 |
| 2 | 3 | 1 | 2 | 3 | 1 | 2 | 3 | 1 |
| 3 | 1 | 2 | 3 | 1 | 2 | 3 | 1 | 2 |
| 1 | 2 | 3 | 1 | 2 | 3 | 1 | 2 | 3 |
| 2 | 3 | 1 | 2 | 3 | 1 | 2 | 3 | 1 |
| 3 | 1 | 2 | 3 | 1 | 2 | 3 | 1 | 2 |
| 1 | 2 | 3 | 1 | 2 | 3 | 1 | 2 | 3 |

## 80

| 3 | 2 | 1 | 4 | 2 | 3 | 4 | 1 |
|---|---|---|---|---|---|---|---|
| 1 | 3 | 2 | 3 | 1 | 4 | 2 | 4 |
| 2 | 4 | 3 | 1 | 4 | 1 | 3 | 2 |
| 4 | 1 | 4 | 2 | 3 | 2 | 1 | 3 |
| 3 | 2 | 1 | 4 | 2 | 3 | 4 | 1 |
| 4 | 1 | 2 | 3 | 4 | 1 | 3 | 2 |
| 1 | 3 | 4 | 2 | 1 | 4 | 2 | 3 |
| 2 | 4 | 3 | 1 | 3 | 2 | 1 | 4 |

## 81

| 5 | 4 | 3 | 1 | 2 | 3 | 2 | 4 | 1 | 5 |
|---|---|---|---|---|---|---|---|---|---|
| 3 | 2 | 4 | 5 | 1 | 4 | 5 | 2 | 3 | 1 |
| 4 | 3 | 2 | 1 | 3 | 5 | 1 | 5 | 2 | 4 |
| 3 | 5 | 4 | 2 | 4 | 1 | 3 | 1 | 5 | 2 |
| 5 | 2 | 1 | 5 | 1 | 2 | 4 | 3 | 4 | 3 |
| 1 | 4 | 5 | 3 | 2 | 4 | 5 | 1 | 3 | 2 |
| 2 | 1 | 3 | 4 | 5 | 1 | 4 | 2 | 5 | 3 |
| 1 | 5 | 2 | 3 | 4 | 3 | 2 | 4 | 1 | 5 |
| 2 | 1 | 5 | 4 | 3 | 5 | 1 | 3 | 2 | 4 |
| 4 | 3 | 1 | 2 | 5 | 2 | 3 | 5 | 4 | 1 |

## 82

| 3 | 4 | 5 | 2 | 1 | 3 | 2 | 5 | 1 | 4 |
|---|---|---|---|---|---|---|---|---|---|
| 4 | 5 | 1 | 3 | 2 | 5 | 1 | 2 | 4 | 3 |
| 2 | 1 | 5 | 4 | 3 | 4 | 5 | 3 | 1 | 2 |
| 4 | 2 | 1 | 5 | 2 | 1 | 3 | 4 | 3 | 5 |
| 1 | 3 | 4 | 1 | 5 | 3 | 2 | 5 | 2 | 4 |
| 3 | 5 | 2 | 3 | 4 | 2 | 4 | 1 | 5 | 1 |
| 5 | 4 | 3 | 2 | 1 | 4 | 1 | 3 | 2 | 5 |
| 1 | 2 | 4 | 5 | 3 | 5 | 3 | 1 | 4 | 2 |
| 2 | 1 | 3 | 4 | 5 | 1 | 4 | 2 | 5 | 3 |
| 5 | 3 | 2 | 1 | 4 | 2 | 5 | 4 | 3 | 1 |

## 83

| 2 | 1 | 4 | 3 | 1 | 2 | 3 | 4 | 1 | 2 | 3 | 4 |
|---|---|---|---|---|---|---|---|---|---|---|---|
| 3 | 4 | 3 | 1 | 2 | 1 | 4 | 2 | 3 | 4 | 1 | 2 |
| 4 | 1 | 4 | 2 | 3 | 4 | 3 | 1 | 2 | 3 | 2 | 1 |
| 2 | 3 | 1 | 3 | 2 | 3 | 2 | 4 | 1 | 4 | 1 | 4 |
| 1 | 2 | 3 | 4 | 1 | 2 | 1 | 3 | 4 | 2 | 4 | 3 |
| 2 | 4 | 2 | 1 | 4 | 3 | 4 | 1 | 3 | 1 | 3 | 2 |
| 1 | 2 | 3 | 4 | 1 | 4 | 3 | 2 | 4 | 2 | 1 | 3 |
| 4 | 1 | 4 | 2 | 3 | 1 | 2 | 3 | 1 | 3 | 4 | 2 |
| 3 | 2 | 1 | 3 | 4 | 2 | 1 | 4 | 2 | 1 | 3 | 4 |
| 4 | 3 | 2 | 1 | 2 | 1 | 4 | 3 | 4 | 3 | 2 | 1 |
| 3 | 4 | 1 | 2 | 4 | 3 | 2 | 1 | 2 | 1 | 4 | 3 |
| 1 | 3 | 2 | 4 | 3 | 4 | 1 | 2 | 3 | 4 | 2 | 1 |

## 84

| 4 | 3 | 1 | 4 | 2 | 3 | 4 | 1 | 2 | 3 | 1 | 2 |
|---|---|---|---|---|---|---|---|---|---|---|---|
| 1 | 2 | 4 | 1 | 3 | 2 | 1 | 2 | 3 | 4 | 3 | 4 |
| 3 | 4 | 3 | 4 | 2 | 1 | 4 | 3 | 2 | 1 | 2 | 1 |
| 2 | 1 | 2 | 1 | 3 | 4 | 3 | 4 | 1 | 2 | 4 | 3 |
| 1 | 3 | 1 | 2 | 4 | 3 | 2 | 1 | 4 | 3 | 2 | 4 |
| 4 | 1 | 2 | 4 | 2 | 1 | 3 | 4 | 3 | 2 | 3 | 1 |
| 2 | 4 | 3 | 1 | 3 | 4 | 2 | 3 | 1 | 4 | 1 | 2 |
| 3 | 2 | 4 | 3 | 1 | 2 | 4 | 1 | 2 | 1 | 4 | 3 |
| 4 | 3 | 1 | 2 | 4 | 3 | 1 | 2 | 4 | 2 | 3 | 1 |
| 1 | 2 | 4 | 3 | 1 | 4 | 2 | 3 | 1 | 3 | 4 | 2 |
| 3 | 1 | 3 | 2 | 4 | 1 | 3 | 2 | 4 | 1 | 2 | 4 |
| 2 | 4 | 2 | 3 | 1 | 2 | 1 | 4 | 3 | 4 | 1 | 3 |

### 85

| 1 | 2 | 3 | 2 | 1 | 3 |
|---|---|---|---|---|---|
| 2 | 3 | 1 | 3 | 2 | 1 |
| 3 | 1 | 2 | 1 | 3 | 2 |
| 1 | 2 | 3 | 2 | 1 | 3 |
| 2 | 3 | 1 | 3 | 2 | 1 |
| 3 | 1 | 2 | 1 | 3 | 2 |

### 86

| 1 | 2 | 3 | 2 | 1 | 3 | 2 | 3 | 1 |
|---|---|---|---|---|---|---|---|---|
| 3 | 1 | 2 | 1 | 2 | 1 | 3 | 2 | 3 |
| 1 | 2 | 3 | 2 | 3 | 2 | 1 | 3 | 1 |
| 2 | 3 | 1 | 3 | 1 | 3 | 2 | 1 | 2 |
| 3 | 1 | 2 | 1 | 2 | 1 | 3 | 2 | 3 |
| 1 | 2 | 3 | 2 | 3 | 2 | 1 | 3 | 1 |
| 2 | 3 | 1 | 3 | 1 | 3 | 2 | 1 | 2 |
| 3 | 1 | 2 | 1 | 3 | 2 | 1 | 2 | 3 |
| 2 | 3 | 1 | 3 | 2 | 1 | 3 | 1 | 2 |

### 87

| 4 | 2 | 3 | 1 | 2 | 1 | 4 | 3 |
|---|---|---|---|---|---|---|---|
| 1 | 3 | 4 | 2 | 4 | 3 | 1 | 2 |
| 2 | 4 | 2 | 4 | 3 | 1 | 3 | 1 |
| 3 | 1 | 3 | 1 | 2 | 4 | 2 | 4 |
| 1 | 2 | 4 | 3 | 1 | 2 | 4 | 3 |
| 4 | 3 | 1 | 2 | 3 | 4 | 1 | 2 |
| 3 | 1 | 2 | 4 | 1 | 3 | 2 | 4 |
| 2 | 4 | 1 | 3 | 4 | 2 | 3 | 1 |

### 88

| 4 | 2 | 1 | 3 | 5 | 2 | 3 | 5 | 4 | 1 |
|---|---|---|---|---|---|---|---|---|---|
| 3 | 1 | 2 | 5 | 4 | 3 | 2 | 1 | 5 | 4 |
| 1 | 4 | 5 | 2 | 1 | 5 | 4 | 3 | 2 | 3 |
| 3 | 5 | 4 | 5 | 3 | 4 | 1 | 2 | 1 | 2 |
| 4 | 1 | 2 | 3 | 2 | 1 | 5 | 4 | 3 | 5 |
| 5 | 2 | 3 | 1 | 4 | 5 | 1 | 3 | 4 | 2 |
| 2 | 3 | 1 | 4 | 5 | 3 | 5 | 1 | 2 | 4 |
| 1 | 4 | 5 | 2 | 3 | 4 | 3 | 2 | 5 | 1 |
| 2 | 5 | 3 | 4 | 1 | 2 | 4 | 5 | 1 | 3 |
| 5 | 3 | 4 | 1 | 2 | 1 | 2 | 4 | 3 | 5 |

### 89

| 2 | 5 | 4 | 1 | 3 | 1 | 4 | 5 | 2 | 3 |
|---|---|---|---|---|---|---|---|---|---|
| 5 | 1 | 2 | 3 | 4 | 2 | 3 | 1 | 4 | 5 |
| 2 | 5 | 1 | 5 | 2 | 3 | 4 | 3 | 1 | 4 |
| 3 | 4 | 3 | 1 | 5 | 1 | 2 | 4 | 2 | 5 |
| 1 | 2 | 5 | 4 | 3 | 2 | 3 | 5 | 4 | 1 |
| 4 | 3 | 4 | 2 | 1 | 5 | 1 | 2 | 5 | 3 |
| 3 | 4 | 1 | 5 | 2 | 4 | 5 | 1 | 3 | 2 |
| 1 | 2 | 5 | 3 | 4 | 3 | 2 | 4 | 5 | 1 |
| 4 | 1 | 3 | 2 | 5 | 4 | 5 | 3 | 1 | 2 |
| 5 | 3 | 2 | 4 | 1 | 5 | 1 | 2 | 3 | 4 |

### 90

| 2 | 1 | 2 | 3 | 4 | 3 | 4 | 1 | 2 | 3 | 4 | 1 |
|---|---|---|---|---|---|---|---|---|---|---|---|
| 3 | 4 | 1 | 2 | 3 | 4 | 2 | 3 | 1 | 2 | 1 | 4 |
| 4 | 3 | 2 | 1 | 4 | 1 | 3 | 4 | 2 | 1 | 3 | 2 |
| 1 | 4 | 3 | 2 | 1 | 2 | 4 | 1 | 3 | 4 | 2 | 3 |
| 3 | 2 | 1 | 3 | 4 | 3 | 1 | 2 | 4 | 1 | 4 | 2 |
| 4 | 3 | 2 | 4 | 1 | 4 | 3 | 1 | 2 | 3 | 2 | 1 |
| 2 | 4 | 3 | 1 | 2 | 3 | 4 | 2 | 1 | 4 | 1 | 3 |
| 1 | 2 | 4 | 3 | 1 | 2 | 1 | 4 | 3 | 2 | 3 | 4 |
| 3 | 1 | 3 | 4 | 2 | 1 | 2 | 3 | 4 | 1 | 4 | 2 |
| 4 | 2 | 4 | 1 | 3 | 4 | 3 | 2 | 1 | 3 | 2 | 1 |
| 1 | 3 | 1 | 4 | 2 | 1 | 2 | 3 | 4 | 2 | 3 | 4 |
| 2 | 1 | 4 | 2 | 3 | 2 | 1 | 4 | 3 | 4 | 1 | 3 |

## 91

| 2 | 1 | 3 | 4 | 1 | 2 | 3 | 4 | 1 | 4 | 3 | 2 |
| 4 | 2 | 1 | 3 | 2 | 3 | 2 | 1 | 4 | 1 | 4 | 3 |
| 3 | 4 | 2 | 1 | 3 | 4 | 1 | 2 | 3 | 2 | 1 | 4 |
| 4 | 1 | 3 | 4 | 1 | 2 | 4 | 3 | 2 | 3 | 2 | 1 |
| 2 | 3 | 1 | 2 | 4 | 1 | 3 | 4 | 1 | 2 | 3 | 4 |
| 1 | 4 | 2 | 1 | 2 | 3 | 1 | 2 | 4 | 3 | 4 | 3 |
| 3 | 2 | 4 | 3 | 4 | 1 | 2 | 4 | 3 | 1 | 2 | 1 |
| 4 | 1 | 3 | 2 | 3 | 4 | 3 | 1 | 2 | 4 | 1 | 2 |
| 1 | 2 | 4 | 3 | 1 | 2 | 4 | 3 | 1 | 2 | 3 | 4 |
| 2 | 3 | 1 | 4 | 3 | 4 | 2 | 1 | 4 | 3 | 1 | 2 |
| 3 | 4 | 2 | 1 | 2 | 1 | 4 | 3 | 2 | 1 | 4 | 3 |
| 1 | 3 | 4 | 2 | 4 | 3 | 1 | 2 | 3 | 4 | 2 | 1 |

## 92

| 1 | 2 | 3 | 2 | 1 | 3 |
| 2 | 3 | 1 | 3 | 2 | 1 |
| 3 | 1 | 2 | 1 | 3 | 2 |
| 1 | 2 | 3 | 2 | 1 | 3 |
| 2 | 3 | 1 | 3 | 2 | 1 |
| 3 | 1 | 2 | 1 | 3 | 2 |

## 93

| 1 | 2 | 3 | 1 | 2 | 3 | 1 | 3 | 2 |
| 3 | 1 | 2 | 3 | 1 | 2 | 3 | 2 | 1 |
| 1 | 2 | 3 | 1 | 2 | 3 | 2 | 1 | 3 |
| 2 | 3 | 1 | 2 | 3 | 1 | 3 | 2 | 1 |
| 3 | 1 | 2 | 3 | 1 | 2 | 1 | 3 | 2 |
| 1 | 2 | 3 | 1 | 2 | 3 | 2 | 1 | 3 |
| 2 | 3 | 1 | 2 | 3 | 1 | 3 | 2 | 1 |
| 3 | 1 | 2 | 3 | 1 | 2 | 1 | 3 | 2 |
| 2 | 3 | 1 | 2 | 3 | 1 | 2 | 1 | 3 |

## 94

| 4 | 3 | 1 | 2 | 3 | 4 | 1 | 2 |
| 1 | 4 | 2 | 4 | 1 | 3 | 2 | 3 |
| 2 | 1 | 4 | 3 | 2 | 1 | 3 | 4 |
| 3 | 2 | 3 | 4 | 1 | 2 | 4 | 1 |
| 4 | 1 | 2 | 3 | 4 | 1 | 2 | 3 |
| 2 | 3 | 4 | 1 | 2 | 3 | 4 | 1 |
| 3 | 4 | 1 | 2 | 3 | 4 | 1 | 2 |
| 1 | 2 | 3 | 1 | 4 | 2 | 3 | 4 |

## 95

| 5 | 2 | 3 | 5 | 1 | 4 | 1 | 4 | 2 | 3 |
| 4 | 3 | 1 | 2 | 4 | 5 | 3 | 2 | 5 | 1 |
| 1 | 2 | 3 | 4 | 5 | 1 | 2 | 3 | 4 | 5 |
| 2 | 4 | 5 | 2 | 1 | 3 | 5 | 1 | 3 | 4 |
| 3 | 5 | 1 | 3 | 4 | 2 | 4 | 5 | 1 | 2 |
| 5 | 1 | 2 | 4 | 3 | 4 | 2 | 1 | 5 | 3 |
| 2 | 3 | 4 | 1 | 5 | 2 | 1 | 3 | 4 | 5 |
| 4 | 1 | 5 | 3 | 2 | 5 | 4 | 2 | 3 | 1 |
| 1 | 4 | 2 | 5 | 3 | 1 | 3 | 5 | 2 | 4 |
| 3 | 5 | 4 | 1 | 2 | 3 | 5 | 4 | 1 | 2 |

## 96

| 2 | 1 | 3 | 4 | 5 | 1 | 2 | 4 | 5 | 3 |
| 4 | 5 | 4 | 1 | 2 | 3 | 5 | 3 | 2 | 1 |
| 1 | 2 | 1 | 3 | 4 | 5 | 4 | 2 | 3 | 5 |
| 5 | 4 | 3 | 5 | 1 | 2 | 3 | 1 | 4 | 2 |
| 2 | 3 | 5 | 2 | 3 | 4 | 1 | 5 | 1 | 4 |
| 3 | 1 | 2 | 4 | 5 | 1 | 2 | 4 | 3 | 5 |
| 4 | 3 | 1 | 5 | 2 | 3 | 4 | 2 | 5 | 1 |
| 3 | 4 | 5 | 2 | 1 | 4 | 3 | 5 | 1 | 2 |
| 1 | 5 | 2 | 3 | 4 | 2 | 5 | 1 | 4 | 3 |
| 5 | 2 | 4 | 1 | 3 | 5 | 1 | 3 | 2 | 4 |

## 97

| 2 | 3 | 1 | 4 | 1 | 2 | 3 | 4 | 3 | 4 | 1 | 2 |
|---|---|---|---|---|---|---|---|---|---|---|---|
| 1 | 4 | 2 | 3 | 4 | 3 | 2 | 1 | 2 | 3 | 4 | 1 |
| 2 | 3 | 1 | 4 | 2 | 1 | 4 | 2 | 3 | 4 | 1 | 3 |
| 1 | 2 | 4 | 3 | 1 | 3 | 2 | 3 | 4 | 1 | 2 | 4 |
| 3 | 4 | 2 | 1 | 3 | 4 | 1 | 4 | 1 | 2 | 3 | 2 |
| 4 | 1 | 3 | 2 | 4 | 2 | 3 | 1 | 2 | 3 | 1 | 4 |
| 1 | 2 | 4 | 3 | 2 | 1 | 2 | 3 | 4 | 1 | 4 | 3 |
| 4 | 3 | 1 | 4 | 1 | 4 | 1 | 2 | 3 | 2 | 3 | 2 |
| 3 | 4 | 2 | 1 | 3 | 2 | 3 | 4 | 1 | 4 | 2 | 1 |
| 2 | 1 | 3 | 2 | 4 | 3 | 4 | 1 | 2 | 1 | 3 | 4 |
| 3 | 2 | 4 | 1 | 2 | 4 | 1 | 3 | 4 | 3 | 2 | 1 |
| 4 | 1 | 3 | 2 | 3 | 1 | 4 | 2 | 1 | 2 | 4 | 3 |

## 98

| 2 | 3 | 4 | 1 | 4 | 2 | 3 | 1 | 4 | 3 | 2 | 1 |
|---|---|---|---|---|---|---|---|---|---|---|---|
| 1 | 2 | 3 | 4 | 1 | 3 | 4 | 2 | 1 | 4 | 3 | 2 |
| 3 | 4 | 1 | 2 | 3 | 4 | 2 | 1 | 2 | 1 | 4 | 3 |
| 2 | 3 | 4 | 1 | 2 | 1 | 3 | 4 | 3 | 2 | 1 | 4 |
| 4 | 2 | 3 | 4 | 1 | 2 | 1 | 3 | 2 | 1 | 4 | 3 |
| 2 | 1 | 2 | 3 | 4 | 1 | 3 | 2 | 4 | 3 | 1 | 4 |
| 1 | 3 | 4 | 1 | 2 | 3 | 4 | 1 | 2 | 4 | 2 | 3 |
| 3 | 4 | 1 | 2 | 3 | 4 | 2 | 3 | 1 | 2 | 4 | 1 |
| 4 | 1 | 2 | 3 | 4 | 1 | 4 | 2 | 3 | 1 | 3 | 2 |
| 3 | 2 | 1 | 4 | 2 | 3 | 1 | 4 | 1 | 3 | 2 | 4 |
| 1 | 4 | 2 | 3 | 1 | 4 | 2 | 3 | 4 | 2 | 3 | 1 |
| 4 | 1 | 3 | 2 | 3 | 2 | 1 | 4 | 3 | 4 | 1 | 2 |

## 99

| 3 | 1 | 2 | 3 | 2 | 1 |
|---|---|---|---|---|---|
| 1 | 2 | 3 | 1 | 3 | 2 |
| 3 | 1 | 2 | 3 | 2 | 1 |
| 2 | 3 | 1 | 2 | 1 | 3 |
| 1 | 2 | 3 | 1 | 3 | 2 |
| 2 | 3 | 1 | 2 | 1 | 3 |

## 100

| 3 | 1 | 2 | 3 | 1 | 2 | 3 | 2 | 1 |
|---|---|---|---|---|---|---|---|---|
| 2 | 3 | 1 | 2 | 3 | 1 | 2 | 1 | 3 |
| 1 | 2 | 3 | 1 | 2 | 3 | 1 | 3 | 2 |
| 2 | 3 | 1 | 2 | 3 | 1 | 2 | 1 | 3 |
| 3 | 1 | 2 | 3 | 1 | 2 | 3 | 2 | 1 |
| 2 | 3 | 1 | 2 | 3 | 1 | 2 | 1 | 3 |
| 1 | 2 | 3 | 1 | 2 | 3 | 1 | 3 | 2 |
| 3 | 1 | 2 | 3 | 1 | 2 | 3 | 2 | 1 |
| 1 | 2 | 3 | 1 | 2 | 3 | 1 | 3 | 2 |

## 101

| 2 | 1 | 2 | 3 | 1 | 3 |
|---|---|---|---|---|---|
| 1 | 3 | 1 | 2 | 3 | 2 |
| 3 | 2 | 3 | 1 | 2 | 1 |
| 2 | 3 | 1 | 2 | 1 | 3 |
| 1 | 2 | 3 | 1 | 3 | 2 |
| 3 | 1 | 2 | 3 | 2 | 1 |

## 102

| 2 | 1 | 2 | 3 | 1 | 3 |
|---|---|---|---|---|---|
| 1 | 3 | 1 | 2 | 3 | 2 |
| 3 | 2 | 3 | 1 | 2 | 1 |
| 2 | 3 | 1 | 2 | 1 | 3 |
| 1 | 2 | 3 | 1 | 3 | 2 |
| 3 | 1 | 2 | 3 | 2 | 1 |

**103**

| 2 | 1 | 2 | 3 | 1 | 3 |
|---|---|---|---|---|---|
| 1 | 3 | 1 | 2 | 3 | 2 |
| 3 | 2 | 3 | 1 | 2 | 1 |
| 2 | 3 | 1 | 2 | 1 | 3 |
| 1 | 2 | 3 | 1 | 3 | 2 |
| 3 | 1 | 2 | 3 | 2 | 1 |

**104**

| 2 | 1 | 2 | 3 | 1 | 3 |
|---|---|---|---|---|---|
| 1 | 3 | 1 | 2 | 3 | 2 |
| 3 | 2 | 3 | 1 | 2 | 1 |
| 2 | 3 | 1 | 2 | 1 | 3 |
| 1 | 2 | 3 | 1 | 3 | 2 |
| 3 | 1 | 2 | 3 | 2 | 1 |

**105**

| 2 | 1 | 2 | 3 | 1 | 3 |
|---|---|---|---|---|---|
| 1 | 3 | 1 | 2 | 3 | 2 |
| 3 | 2 | 3 | 1 | 2 | 1 |
| 2 | 3 | 1 | 2 | 1 | 3 |
| 1 | 2 | 3 | 1 | 3 | 2 |
| 3 | 1 | 2 | 3 | 2 | 1 |

**106**

| 2 | 1 | 2 | 3 | 1 | 3 |
|---|---|---|---|---|---|
| 1 | 3 | 1 | 2 | 3 | 2 |
| 3 | 2 | 3 | 1 | 2 | 1 |
| 2 | 3 | 1 | 2 | 1 | 3 |
| 1 | 2 | 3 | 1 | 3 | 2 |
| 3 | 1 | 2 | 3 | 2 | 1 |

**107**

| 2 | 1 | 2 | 3 | 1 | 3 |
|---|---|---|---|---|---|
| 1 | 3 | 1 | 2 | 3 | 2 |
| 3 | 2 | 3 | 1 | 2 | 1 |
| 2 | 3 | 1 | 2 | 1 | 3 |
| 1 | 2 | 3 | 1 | 3 | 2 |
| 3 | 1 | 2 | 3 | 2 | 1 |

**108**

| 2 | 1 | 2 | 3 | 1 | 3 |
|---|---|---|---|---|---|
| 1 | 3 | 1 | 2 | 3 | 2 |
| 3 | 2 | 3 | 1 | 2 | 1 |
| 2 | 3 | 1 | 2 | 1 | 3 |
| 1 | 2 | 3 | 1 | 3 | 2 |
| 3 | 1 | 2 | 3 | 2 | 1 |

### 109

| 2 | 1 | 2 | 3 | 1 | 3 |
|---|---|---|---|---|---|
| 1 | 3 | 1 | 2 | 3 | 2 |
| 3 | 2 | 3 | 1 | 2 | 1 |
| 2 | 3 | 1 | 2 | 1 | 3 |
| 1 | 2 | 3 | 1 | 3 | 2 |
| 3 | 1 | 2 | 3 | 2 | 1 |

### 110

| 2 | 1 | 2 | 3 | 1 | 3 |
|---|---|---|---|---|---|
| 1 | 3 | 1 | 2 | 3 | 2 |
| 3 | 2 | 3 | 1 | 2 | 1 |
| 2 | 3 | 1 | 2 | 1 | 3 |
| 1 | 2 | 3 | 1 | 3 | 2 |
| 3 | 1 | 2 | 3 | 2 | 1 |

### 111

| 2 | 1 | 2 | 3 | 1 | 3 |
|---|---|---|---|---|---|
| 1 | 3 | 1 | 2 | 3 | 2 |
| 3 | 2 | 3 | 1 | 2 | 1 |
| 2 | 3 | 1 | 2 | 1 | 3 |
| 1 | 2 | 3 | 1 | 3 | 2 |
| 3 | 1 | 2 | 3 | 2 | 1 |

### 112

| 2 | 1 | 2 | 3 | 1 | 3 |
|---|---|---|---|---|---|
| 1 | 3 | 1 | 2 | 3 | 2 |
| 3 | 2 | 3 | 1 | 2 | 1 |
| 2 | 3 | 1 | 2 | 1 | 3 |
| 1 | 2 | 3 | 1 | 3 | 2 |
| 3 | 1 | 2 | 3 | 2 | 1 |

### 113

| 2 | 1 | 2 | 3 | 1 | 3 |
|---|---|---|---|---|---|
| 1 | 3 | 1 | 2 | 3 | 2 |
| 3 | 2 | 3 | 1 | 2 | 1 |
| 2 | 3 | 1 | 2 | 1 | 3 |
| 1 | 2 | 3 | 1 | 3 | 2 |
| 3 | 1 | 2 | 3 | 2 | 1 |

### 114

| 2 | 1 | 2 | 3 | 1 | 3 |
|---|---|---|---|---|---|
| 1 | 3 | 1 | 2 | 3 | 2 |
| 3 | 2 | 3 | 1 | 2 | 1 |
| 2 | 3 | 1 | 2 | 1 | 3 |
| 1 | 2 | 3 | 1 | 3 | 2 |
| 3 | 1 | 2 | 3 | 2 | 1 |

### 115

| 2 | 1 | 2 | 3 | 1 | 3 |
|---|---|---|---|---|---|
| 1 | 3 | 1 | 2 | 3 | 2 |
| 3 | 2 | 3 | 1 | 2 | 1 |
| 2 | 3 | 1 | 2 | 1 | 3 |
| 1 | 2 | 3 | 1 | 3 | 2 |
| 3 | 1 | 2 | 3 | 2 | 1 |

### 116

| 2 | 1 | 2 | 3 | 1 | 3 |
|---|---|---|---|---|---|
| 1 | 3 | 1 | 2 | 3 | 2 |
| 3 | 2 | 3 | 1 | 2 | 1 |
| 2 | 3 | 1 | 2 | 1 | 3 |
| 1 | 2 | 3 | 1 | 3 | 2 |
| 3 | 1 | 2 | 3 | 2 | 1 |

### 117

| 2 | 1 | 2 | 3 | 1 | 3 |
|---|---|---|---|---|---|
| 1 | 3 | 1 | 2 | 3 | 2 |
| 3 | 2 | 3 | 1 | 2 | 1 |
| 2 | 3 | 1 | 2 | 1 | 3 |
| 1 | 2 | 3 | 1 | 3 | 2 |
| 3 | 1 | 2 | 3 | 2 | 1 |

### 118

| 2 | 1 | 2 | 3 | 1 | 3 |
|---|---|---|---|---|---|
| 1 | 3 | 1 | 2 | 3 | 2 |
| 3 | 2 | 3 | 1 | 2 | 1 |
| 2 | 3 | 1 | 2 | 1 | 3 |
| 1 | 2 | 3 | 1 | 3 | 2 |
| 3 | 1 | 2 | 3 | 2 | 1 |

### 119

| 2 | 1 | 2 | 3 | 1 | 3 |
|---|---|---|---|---|---|
| 1 | 3 | 1 | 2 | 3 | 2 |
| 3 | 2 | 3 | 1 | 2 | 1 |
| 2 | 3 | 1 | 2 | 1 | 3 |
| 1 | 2 | 3 | 1 | 3 | 2 |
| 3 | 1 | 2 | 3 | 2 | 1 |

### 120

| 2 | 1 | 2 | 3 | 1 | 3 |
|---|---|---|---|---|---|
| 1 | 3 | 1 | 2 | 3 | 2 |
| 3 | 2 | 3 | 1 | 2 | 1 |
| 2 | 3 | 1 | 2 | 1 | 3 |
| 1 | 2 | 3 | 1 | 3 | 2 |
| 3 | 1 | 2 | 3 | 2 | 1 |

### 121

| 2 | 1 | 2 | 3 | 1 | 3 |
|---|---|---|---|---|---|
| 1 | 3 | 1 | 2 | 3 | 2 |
| 3 | 2 | 3 | 1 | 2 | 1 |
| 2 | 3 | 1 | 2 | 1 | 3 |
| 1 | 2 | 3 | 1 | 3 | 2 |
| 3 | 1 | 2 | 3 | 2 | 1 |

### 122

| 2 | 1 | 2 | 3 | 1 | 3 |
|---|---|---|---|---|---|
| 1 | 3 | 1 | 2 | 3 | 2 |
| 3 | 2 | 3 | 1 | 2 | 1 |
| 2 | 3 | 1 | 2 | 1 | 3 |
| 1 | 2 | 3 | 1 | 3 | 2 |
| 3 | 1 | 2 | 3 | 2 | 1 |

### 123

| 2 | 1 | 2 | 3 | 1 | 3 |
|---|---|---|---|---|---|
| 1 | 3 | 1 | 2 | 3 | 2 |
| 3 | 2 | 3 | 1 | 2 | 1 |
| 2 | 3 | 1 | 2 | 1 | 3 |
| 1 | 2 | 3 | 1 | 3 | 2 |
| 3 | 1 | 2 | 3 | 2 | 1 |

### 124

| 2 | 1 | 2 | 3 | 1 | 3 |
|---|---|---|---|---|---|
| 1 | 3 | 1 | 2 | 3 | 2 |
| 3 | 2 | 3 | 1 | 2 | 1 |
| 2 | 3 | 1 | 2 | 1 | 3 |
| 1 | 2 | 3 | 1 | 3 | 2 |
| 3 | 1 | 2 | 3 | 2 | 1 |

### 125

| 2 | 1 | 2 | 3 | 1 | 3 |
|---|---|---|---|---|---|
| 1 | 3 | 1 | 2 | 3 | 2 |
| 3 | 2 | 3 | 1 | 2 | 1 |
| 2 | 3 | 1 | 2 | 1 | 3 |
| 1 | 2 | 3 | 1 | 3 | 2 |
| 3 | 1 | 2 | 3 | 2 | 1 |

### 126

| 2 | 1 | 2 | 3 | 1 | 3 |
|---|---|---|---|---|---|
| 1 | 3 | 1 | 2 | 3 | 2 |
| 3 | 2 | 3 | 1 | 2 | 1 |
| 2 | 3 | 1 | 2 | 1 | 3 |
| 1 | 2 | 3 | 1 | 3 | 2 |
| 3 | 1 | 2 | 3 | 2 | 1 |

**127**

| 2 | 1 | 2 | 3 | 1 | 3 |
|---|---|---|---|---|---|
| 1 | 3 | 1 | 2 | 3 | 2 |
| 3 | 2 | 3 | 1 | 2 | 1 |
| 2 | 3 | 1 | 2 | 1 | 3 |
| 1 | 2 | 3 | 1 | 3 | 2 |
| 3 | 1 | 2 | 3 | 2 | 1 |

**128**

| 2 | 1 | 2 | 3 | 1 | 3 |
|---|---|---|---|---|---|
| 1 | 3 | 1 | 2 | 3 | 2 |
| 3 | 2 | 3 | 1 | 2 | 1 |
| 2 | 3 | 1 | 2 | 1 | 3 |
| 1 | 2 | 3 | 1 | 3 | 2 |
| 3 | 1 | 2 | 3 | 2 | 1 |

**129**

| 2 | 1 | 2 | 3 | 1 | 3 |
|---|---|---|---|---|---|
| 1 | 3 | 1 | 2 | 3 | 2 |
| 3 | 2 | 3 | 1 | 2 | 1 |
| 2 | 3 | 1 | 2 | 1 | 3 |
| 1 | 2 | 3 | 1 | 3 | 2 |
| 3 | 1 | 2 | 3 | 2 | 1 |

**130**

| 2 | 1 | 2 | 3 | 1 | 3 |
|---|---|---|---|---|---|
| 1 | 3 | 1 | 2 | 3 | 2 |
| 3 | 2 | 3 | 1 | 2 | 1 |
| 2 | 3 | 1 | 2 | 1 | 3 |
| 1 | 2 | 3 | 1 | 3 | 2 |
| 3 | 1 | 2 | 3 | 2 | 1 |

**131**

| 2 | 1 | 2 | 3 | 1 | 3 |
|---|---|---|---|---|---|
| 1 | 3 | 1 | 2 | 3 | 2 |
| 3 | 2 | 3 | 1 | 2 | 1 |
| 2 | 3 | 1 | 2 | 1 | 3 |
| 1 | 2 | 3 | 1 | 3 | 2 |
| 3 | 1 | 2 | 3 | 2 | 1 |

**132**

| 2 | 1 | 2 | 3 | 1 | 3 |
|---|---|---|---|---|---|
| 1 | 3 | 1 | 2 | 3 | 2 |
| 3 | 2 | 3 | 1 | 2 | 1 |
| 2 | 3 | 1 | 2 | 1 | 3 |
| 1 | 2 | 3 | 1 | 3 | 2 |
| 3 | 1 | 2 | 3 | 2 | 1 |

### 133

| 2 | 1 | 2 | 3 | 1 | 3 |
|---|---|---|---|---|---|
| 1 | 3 | 1 | 2 | 3 | 2 |
| 3 | 2 | 3 | 1 | 2 | 1 |
| 2 | 3 | 1 | 2 | 1 | 3 |
| 1 | 2 | 3 | 1 | 3 | 2 |
| 3 | 1 | 2 | 3 | 2 | 1 |

### 134

| 2 | 1 | 2 | 3 | 1 | 3 |
|---|---|---|---|---|---|
| 1 | 3 | 1 | 2 | 3 | 2 |
| 3 | 2 | 3 | 1 | 2 | 1 |
| 2 | 3 | 1 | 2 | 1 | 3 |
| 1 | 2 | 3 | 1 | 3 | 2 |
| 3 | 1 | 2 | 3 | 2 | 1 |

### 135

| 2 | 1 | 2 | 3 | 1 | 3 |
|---|---|---|---|---|---|
| 1 | 3 | 1 | 2 | 3 | 2 |
| 3 | 2 | 3 | 1 | 2 | 1 |
| 2 | 3 | 1 | 2 | 1 | 3 |
| 1 | 2 | 3 | 1 | 3 | 2 |
| 3 | 1 | 2 | 3 | 2 | 1 |

### 136

| 2 | 1 | 2 | 3 | 1 | 3 |
|---|---|---|---|---|---|
| 1 | 3 | 1 | 2 | 3 | 2 |
| 3 | 2 | 3 | 1 | 2 | 1 |
| 2 | 3 | 1 | 2 | 1 | 3 |
| 1 | 2 | 3 | 1 | 3 | 2 |
| 3 | 1 | 2 | 3 | 2 | 1 |

### 137

| 2 | 1 | 2 | 3 | 1 | 3 |
|---|---|---|---|---|---|
| 1 | 3 | 1 | 2 | 3 | 2 |
| 3 | 2 | 3 | 1 | 2 | 1 |
| 2 | 3 | 1 | 2 | 1 | 3 |
| 1 | 2 | 3 | 1 | 3 | 2 |
| 3 | 1 | 2 | 3 | 2 | 1 |

### 138

| 2 | 1 | 2 | 3 | 1 | 3 |
|---|---|---|---|---|---|
| 1 | 3 | 1 | 2 | 3 | 2 |
| 3 | 2 | 3 | 1 | 2 | 1 |
| 2 | 3 | 1 | 2 | 1 | 3 |
| 1 | 2 | 3 | 1 | 3 | 2 |
| 3 | 1 | 2 | 3 | 2 | 1 |

### 139

| 2 | 1 | 2 | 3 | 1 | 3 |
|---|---|---|---|---|---|
| 1 | 3 | 1 | 2 | 3 | 2 |
| 3 | 2 | 3 | 1 | 2 | 1 |
| 2 | 3 | 1 | 2 | 1 | 3 |
| 1 | 2 | 3 | 1 | 3 | 2 |
| 3 | 1 | 2 | 3 | 2 | 1 |

### 140

| 2 | 1 | 2 | 3 | 1 | 3 |
|---|---|---|---|---|---|
| 1 | 3 | 1 | 2 | 3 | 2 |
| 3 | 2 | 3 | 1 | 2 | 1 |
| 2 | 3 | 1 | 2 | 1 | 3 |
| 1 | 2 | 3 | 1 | 3 | 2 |
| 3 | 1 | 2 | 3 | 2 | 1 |

### 141

| 2 | 1 | 2 | 3 | 1 | 3 |
|---|---|---|---|---|---|
| 1 | 3 | 1 | 2 | 3 | 2 |
| 3 | 2 | 3 | 1 | 2 | 1 |
| 2 | 3 | 1 | 2 | 1 | 3 |
| 1 | 2 | 3 | 1 | 3 | 2 |
| 3 | 1 | 2 | 3 | 2 | 1 |

### 142

| 2 | 1 | 2 | 3 | 1 | 3 |
|---|---|---|---|---|---|
| 1 | 3 | 1 | 2 | 3 | 2 |
| 3 | 2 | 3 | 1 | 2 | 1 |
| 2 | 3 | 1 | 2 | 1 | 3 |
| 1 | 2 | 3 | 1 | 3 | 2 |
| 3 | 1 | 2 | 3 | 2 | 1 |

### 143

| 2 | 1 | 2 | 3 | 1 | 3 |
|---|---|---|---|---|---|
| 1 | 3 | 1 | 2 | 3 | 2 |
| 3 | 2 | 3 | 1 | 2 | 1 |
| 2 | 3 | 1 | 2 | 1 | 3 |
| 1 | 2 | 3 | 1 | 3 | 2 |
| 3 | 1 | 2 | 3 | 2 | 1 |

### 144

| 2 | 1 | 2 | 3 | 1 | 3 |
|---|---|---|---|---|---|
| 1 | 3 | 1 | 2 | 3 | 2 |
| 3 | 2 | 3 | 1 | 2 | 1 |
| 2 | 3 | 1 | 2 | 1 | 3 |
| 1 | 2 | 3 | 1 | 3 | 2 |
| 3 | 1 | 2 | 3 | 2 | 1 |

### 145

| 2 | 1 | 2 | 3 | 1 | 3 |
|---|---|---|---|---|---|
| 1 | 3 | 1 | 2 | 3 | 2 |
| 3 | 2 | 3 | 1 | 2 | 1 |
| 2 | 3 | 1 | 2 | 1 | 3 |
| 1 | 2 | 3 | 1 | 3 | 2 |
| 3 | 1 | 2 | 3 | 2 | 1 |

### 146

| 2 | 1 | 2 | 3 | 1 | 3 |
|---|---|---|---|---|---|
| 1 | 3 | 1 | 2 | 3 | 2 |
| 3 | 2 | 3 | 1 | 2 | 1 |
| 2 | 3 | 1 | 2 | 1 | 3 |
| 1 | 2 | 3 | 1 | 3 | 2 |
| 3 | 1 | 2 | 3 | 2 | 1 |

### 147

| 2 | 1 | 2 | 3 | 1 | 3 |
|---|---|---|---|---|---|
| 1 | 3 | 1 | 2 | 3 | 2 |
| 3 | 2 | 3 | 1 | 2 | 1 |
| 2 | 3 | 1 | 2 | 1 | 3 |
| 1 | 2 | 3 | 1 | 3 | 2 |
| 3 | 1 | 2 | 3 | 2 | 1 |

### 148

| 2 | 1 | 2 | 3 | 1 | 3 |
|---|---|---|---|---|---|
| 1 | 3 | 1 | 2 | 3 | 2 |
| 3 | 2 | 3 | 1 | 2 | 1 |
| 2 | 3 | 1 | 2 | 1 | 3 |
| 1 | 2 | 3 | 1 | 3 | 2 |
| 3 | 1 | 2 | 3 | 2 | 1 |

### 149

| 2 | 1 | 2 | 3 | 1 | 3 |
|---|---|---|---|---|---|
| 1 | 3 | 1 | 2 | 3 | 2 |
| 3 | 2 | 3 | 1 | 2 | 1 |
| 2 | 3 | 1 | 2 | 1 | 3 |
| 1 | 2 | 3 | 1 | 3 | 2 |
| 3 | 1 | 2 | 3 | 2 | 1 |

### 150

| 2 | 1 | 2 | 3 | 1 | 3 |
|---|---|---|---|---|---|
| 1 | 3 | 1 | 2 | 3 | 2 |
| 3 | 2 | 3 | 1 | 2 | 1 |
| 2 | 3 | 1 | 2 | 1 | 3 |
| 1 | 2 | 3 | 1 | 3 | 2 |
| 3 | 1 | 2 | 3 | 2 | 1 |

### 151

| 2 | 1 | 2 | 3 | 1 | 3 |
|---|---|---|---|---|---|
| 1 | 3 | 1 | 2 | 3 | 2 |
| 3 | 2 | 3 | 1 | 2 | 1 |
| 2 | 3 | 1 | 2 | 1 | 3 |
| 1 | 2 | 3 | 1 | 3 | 2 |
| 3 | 1 | 2 | 3 | 2 | 1 |

### 152

| 2 | 1 | 2 | 3 | 1 | 3 |
|---|---|---|---|---|---|
| 1 | 3 | 1 | 2 | 3 | 2 |
| 3 | 2 | 3 | 1 | 2 | 1 |
| 2 | 3 | 1 | 2 | 1 | 3 |
| 1 | 2 | 3 | 1 | 3 | 2 |
| 3 | 1 | 2 | 3 | 2 | 1 |

### 153

| 2 | 1 | 2 | 3 | 1 | 3 |
|---|---|---|---|---|---|
| 1 | 3 | 1 | 2 | 3 | 2 |
| 3 | 2 | 3 | 1 | 2 | 1 |
| 2 | 3 | 1 | 2 | 1 | 3 |
| 1 | 2 | 3 | 1 | 3 | 2 |
| 3 | 1 | 2 | 3 | 2 | 1 |

### 154

| 2 | 1 | 2 | 3 | 1 | 3 |
|---|---|---|---|---|---|
| 1 | 3 | 1 | 2 | 3 | 2 |
| 3 | 2 | 3 | 1 | 2 | 1 |
| 2 | 3 | 1 | 2 | 1 | 3 |
| 1 | 2 | 3 | 1 | 3 | 2 |
| 3 | 1 | 2 | 3 | 2 | 1 |

### 155

| 2 | 1 | 2 | 3 | 1 | 3 |
|---|---|---|---|---|---|
| 1 | 3 | 1 | 2 | 3 | 2 |
| 3 | 2 | 3 | 1 | 2 | 1 |
| 2 | 3 | 1 | 2 | 1 | 3 |
| 1 | 2 | 3 | 1 | 3 | 2 |
| 3 | 1 | 2 | 3 | 2 | 1 |

### 156

| 2 | 1 | 2 | 3 | 1 | 3 |
|---|---|---|---|---|---|
| 1 | 3 | 1 | 2 | 3 | 2 |
| 3 | 2 | 3 | 1 | 2 | 1 |
| 2 | 3 | 1 | 2 | 1 | 3 |
| 1 | 2 | 3 | 1 | 3 | 2 |
| 3 | 1 | 2 | 3 | 2 | 1 |

### 157

| 2 | 1 | 2 | 3 | 1 | 3 |
|---|---|---|---|---|---|
| 1 | 3 | 1 | 2 | 3 | 2 |
| 3 | 2 | 3 | 1 | 2 | 1 |
| 2 | 3 | 1 | 2 | 1 | 3 |
| 1 | 2 | 3 | 1 | 3 | 2 |
| 3 | 1 | 2 | 3 | 2 | 1 |

### 158

| 2 | 1 | 2 | 3 | 1 | 3 |
|---|---|---|---|---|---|
| 1 | 3 | 1 | 2 | 3 | 2 |
| 3 | 2 | 3 | 1 | 2 | 1 |
| 2 | 3 | 1 | 2 | 1 | 3 |
| 1 | 2 | 3 | 1 | 3 | 2 |
| 3 | 1 | 2 | 3 | 2 | 1 |

### 159

| 2 | 1 | 2 | 3 | 1 | 3 |
|---|---|---|---|---|---|
| 1 | 3 | 1 | 2 | 3 | 2 |
| 3 | 2 | 3 | 1 | 2 | 1 |
| 2 | 3 | 1 | 2 | 1 | 3 |
| 1 | 2 | 3 | 1 | 3 | 2 |
| 3 | 1 | 2 | 3 | 2 | 1 |

### 160

| 2 | 1 | 2 | 3 | 1 | 3 |
|---|---|---|---|---|---|
| 1 | 3 | 1 | 2 | 3 | 2 |
| 3 | 2 | 3 | 1 | 2 | 1 |
| 2 | 3 | 1 | 2 | 1 | 3 |
| 1 | 2 | 3 | 1 | 3 | 2 |
| 3 | 1 | 2 | 3 | 2 | 1 |

### 161

| 2 | 1 | 2 | 3 | 1 | 3 |
|---|---|---|---|---|---|
| 1 | 3 | 1 | 2 | 3 | 2 |
| 3 | 2 | 3 | 1 | 2 | 1 |
| 2 | 3 | 1 | 2 | 1 | 3 |
| 1 | 2 | 3 | 1 | 3 | 2 |
| 3 | 1 | 2 | 3 | 2 | 1 |

### 162

| 2 | 1 | 2 | 3 | 1 | 3 |
|---|---|---|---|---|---|
| 1 | 3 | 1 | 2 | 3 | 2 |
| 3 | 2 | 3 | 1 | 2 | 1 |
| 2 | 3 | 1 | 2 | 1 | 3 |
| 1 | 2 | 3 | 1 | 3 | 2 |
| 3 | 1 | 2 | 3 | 2 | 1 |

### 163

| 2 | 1 | 2 | 3 | 1 | 3 |
|---|---|---|---|---|---|
| 1 | 3 | 1 | 2 | 3 | 2 |
| 3 | 2 | 3 | 1 | 2 | 1 |
| 2 | 3 | 1 | 2 | 1 | 3 |
| 1 | 2 | 3 | 1 | 3 | 2 |
| 3 | 1 | 2 | 3 | 2 | 1 |

### 164

| 2 | 1 | 2 | 3 | 1 | 3 |
|---|---|---|---|---|---|
| 1 | 3 | 1 | 2 | 3 | 2 |
| 3 | 2 | 3 | 1 | 2 | 1 |
| 2 | 3 | 1 | 2 | 1 | 3 |
| 1 | 2 | 3 | 1 | 3 | 2 |
| 3 | 1 | 2 | 3 | 2 | 1 |

### 165

| 2 | 1 | 2 | 3 | 1 | 3 |
|---|---|---|---|---|---|
| 1 | 3 | 1 | 2 | 3 | 2 |
| 3 | 2 | 3 | 1 | 2 | 1 |
| 2 | 3 | 1 | 2 | 1 | 3 |
| 1 | 2 | 3 | 1 | 3 | 2 |
| 3 | 1 | 2 | 3 | 2 | 1 |

### 166

| 2 | 1 | 2 | 3 | 1 | 3 |
|---|---|---|---|---|---|
| 1 | 3 | 1 | 2 | 3 | 2 |
| 3 | 2 | 3 | 1 | 2 | 1 |
| 2 | 3 | 1 | 2 | 1 | 3 |
| 1 | 2 | 3 | 1 | 3 | 2 |
| 3 | 1 | 2 | 3 | 2 | 1 |

### 167

| 2 | 1 | 2 | 3 | 1 | 3 |
|---|---|---|---|---|---|
| 1 | 3 | 1 | 2 | 3 | 2 |
| 3 | 2 | 3 | 1 | 2 | 1 |
| 2 | 3 | 1 | 2 | 1 | 3 |
| 1 | 2 | 3 | 1 | 3 | 2 |
| 3 | 1 | 2 | 3 | 2 | 1 |

### 168

| 2 | 1 | 2 | 3 | 1 | 3 |
|---|---|---|---|---|---|
| 1 | 3 | 1 | 2 | 3 | 2 |
| 3 | 2 | 3 | 1 | 2 | 1 |
| 2 | 3 | 1 | 2 | 1 | 3 |
| 1 | 2 | 3 | 1 | 3 | 2 |
| 3 | 1 | 2 | 3 | 2 | 1 |

### 169

| 2 | 1 | 2 | 3 | 1 | 3 |
|---|---|---|---|---|---|
| 1 | 3 | 1 | 2 | 3 | 2 |
| 3 | 2 | 3 | 1 | 2 | 1 |
| 2 | 3 | 1 | 2 | 1 | 3 |
| 1 | 2 | 3 | 1 | 3 | 2 |
| 3 | 1 | 2 | 3 | 2 | 1 |

### 170

| 2 | 1 | 2 | 3 | 1 | 3 |
|---|---|---|---|---|---|
| 1 | 3 | 1 | 2 | 3 | 2 |
| 3 | 2 | 3 | 1 | 2 | 1 |
| 2 | 3 | 1 | 2 | 1 | 3 |
| 1 | 2 | 3 | 1 | 3 | 2 |
| 3 | 1 | 2 | 3 | 2 | 1 |

### 171

| 2 | 1 | 2 | 3 | 1 | 3 |
|---|---|---|---|---|---|
| 1 | 3 | 1 | 2 | 3 | 2 |
| 3 | 2 | 3 | 1 | 2 | 1 |
| 2 | 3 | 1 | 2 | 1 | 3 |
| 1 | 2 | 3 | 1 | 3 | 2 |
| 3 | 1 | 2 | 3 | 2 | 1 |

### 172

| 2 | 1 | 2 | 3 | 1 | 3 |
|---|---|---|---|---|---|
| 1 | 3 | 1 | 2 | 3 | 2 |
| 3 | 2 | 3 | 1 | 2 | 1 |
| 2 | 3 | 1 | 2 | 1 | 3 |
| 1 | 2 | 3 | 1 | 3 | 2 |
| 3 | 1 | 2 | 3 | 2 | 1 |

### 173

| 2 | 1 | 2 | 3 | 1 | 3 |
|---|---|---|---|---|---|
| 1 | 3 | 1 | 2 | 3 | 2 |
| 3 | 2 | 3 | 1 | 2 | 1 |
| 2 | 3 | 1 | 2 | 1 | 3 |
| 1 | 2 | 3 | 1 | 3 | 2 |
| 3 | 1 | 2 | 3 | 2 | 1 |

### 174

| 2 | 1 | 2 | 3 | 1 | 3 |
|---|---|---|---|---|---|
| 1 | 3 | 1 | 2 | 3 | 2 |
| 3 | 2 | 3 | 1 | 2 | 1 |
| 2 | 3 | 1 | 2 | 1 | 3 |
| 1 | 2 | 3 | 1 | 3 | 2 |
| 3 | 1 | 2 | 3 | 2 | 1 |

### 175

| | | | | | |
|---|---|---|---|---|---|
| 2 | 1 | 2 | 3 | 1 | 3 |
| 1 | 3 | 1 | 2 | 3 | 2 |
| 3 | 2 | 3 | 1 | 2 | 1 |
| 2 | 3 | 1 | 2 | 1 | 3 |
| 1 | 2 | 3 | 1 | 3 | 2 |
| 3 | 1 | 2 | 3 | 2 | 1 |

### 176

| | | | | | |
|---|---|---|---|---|---|
| 2 | 1 | 2 | 3 | 1 | 3 |
| 1 | 3 | 1 | 2 | 3 | 2 |
| 3 | 2 | 3 | 1 | 2 | 1 |
| 2 | 3 | 1 | 2 | 1 | 3 |
| 1 | 2 | 3 | 1 | 3 | 2 |
| 3 | 1 | 2 | 3 | 2 | 1 |

### 177

| | | | | | |
|---|---|---|---|---|---|
| 2 | 1 | 2 | 3 | 1 | 3 |
| 1 | 3 | 1 | 2 | 3 | 2 |
| 3 | 2 | 3 | 1 | 2 | 1 |
| 2 | 3 | 1 | 2 | 1 | 3 |
| 1 | 2 | 3 | 1 | 3 | 2 |
| 3 | 1 | 2 | 3 | 2 | 1 |

### 178

| | | | | | |
|---|---|---|---|---|---|
| 2 | 1 | 2 | 3 | 1 | 3 |
| 1 | 3 | 1 | 2 | 3 | 2 |
| 3 | 2 | 3 | 1 | 2 | 1 |
| 2 | 3 | 1 | 2 | 1 | 3 |
| 1 | 2 | 3 | 1 | 3 | 2 |
| 3 | 1 | 2 | 3 | 2 | 1 |

### 179

| | | | | | |
|---|---|---|---|---|---|
| 2 | 1 | 2 | 3 | 1 | 3 |
| 1 | 3 | 1 | 2 | 3 | 2 |
| 3 | 2 | 3 | 1 | 2 | 1 |
| 2 | 3 | 1 | 2 | 1 | 3 |
| 1 | 2 | 3 | 1 | 3 | 2 |
| 3 | 1 | 2 | 3 | 2 | 1 |

### 180

| | | | | | |
|---|---|---|---|---|---|
| 2 | 1 | 2 | 3 | 1 | 3 |
| 1 | 3 | 1 | 2 | 3 | 2 |
| 3 | 2 | 3 | 1 | 2 | 1 |
| 2 | 3 | 1 | 2 | 1 | 3 |
| 1 | 2 | 3 | 1 | 3 | 2 |
| 3 | 1 | 2 | 3 | 2 | 1 |

### 181

| 2 | 1 | 2 | 3 | 1 | 3 |
|---|---|---|---|---|---|
| 1 | 3 | 1 | 2 | 3 | 2 |
| 3 | 2 | 3 | 1 | 2 | 1 |
| 2 | 3 | 1 | 2 | 1 | 3 |
| 1 | 2 | 3 | 1 | 3 | 2 |
| 3 | 1 | 2 | 3 | 2 | 1 |

### 182

| 2 | 1 | 2 | 3 | 1 | 3 |
|---|---|---|---|---|---|
| 1 | 3 | 1 | 2 | 3 | 2 |
| 3 | 2 | 3 | 1 | 2 | 1 |
| 2 | 3 | 1 | 2 | 1 | 3 |
| 1 | 2 | 3 | 1 | 3 | 2 |
| 3 | 1 | 2 | 3 | 2 | 1 |

### 183

| 2 | 1 | 2 | 3 | 1 | 3 |
|---|---|---|---|---|---|
| 1 | 3 | 1 | 2 | 3 | 2 |
| 3 | 2 | 3 | 1 | 2 | 1 |
| 2 | 3 | 1 | 2 | 1 | 3 |
| 1 | 2 | 3 | 1 | 3 | 2 |
| 3 | 1 | 2 | 3 | 2 | 1 |

### 184

| 2 | 1 | 2 | 3 | 1 | 3 |
|---|---|---|---|---|---|
| 1 | 3 | 1 | 2 | 3 | 2 |
| 3 | 2 | 3 | 1 | 2 | 1 |
| 2 | 3 | 1 | 2 | 1 | 3 |
| 1 | 2 | 3 | 1 | 3 | 2 |
| 3 | 1 | 2 | 3 | 2 | 1 |

### 185

| 2 | 1 | 2 | 3 | 1 | 3 |
|---|---|---|---|---|---|
| 1 | 3 | 1 | 2 | 3 | 2 |
| 3 | 2 | 3 | 1 | 2 | 1 |
| 2 | 3 | 1 | 2 | 1 | 3 |
| 1 | 2 | 3 | 1 | 3 | 2 |
| 3 | 1 | 2 | 3 | 2 | 1 |

### 186

| 2 | 1 | 2 | 3 | 1 | 3 |
|---|---|---|---|---|---|
| 1 | 3 | 1 | 2 | 3 | 2 |
| 3 | 2 | 3 | 1 | 2 | 1 |
| 2 | 3 | 1 | 2 | 1 | 3 |
| 1 | 2 | 3 | 1 | 3 | 2 |
| 3 | 1 | 2 | 3 | 2 | 1 |

### 187

| 2 | 1 | 2 | 3 | 1 | 3 |
|---|---|---|---|---|---|
| 1 | 3 | 1 | 2 | 3 | 2 |
| 3 | 2 | 3 | 1 | 2 | 1 |
| 2 | 3 | 1 | 2 | 1 | 3 |
| 1 | 2 | 3 | 1 | 3 | 2 |
| 3 | 1 | 2 | 3 | 2 | 1 |

### 188

| 2 | 1 | 2 | 3 | 1 | 3 |
|---|---|---|---|---|---|
| 1 | 3 | 1 | 2 | 3 | 2 |
| 3 | 2 | 3 | 1 | 2 | 1 |
| 2 | 3 | 1 | 2 | 1 | 3 |
| 1 | 2 | 3 | 1 | 3 | 2 |
| 3 | 1 | 2 | 3 | 2 | 1 |

### 189

| 2 | 1 | 2 | 3 | 1 | 3 |
|---|---|---|---|---|---|
| 1 | 3 | 1 | 2 | 3 | 2 |
| 3 | 2 | 3 | 1 | 2 | 1 |
| 2 | 3 | 1 | 2 | 1 | 3 |
| 1 | 2 | 3 | 1 | 3 | 2 |
| 3 | 1 | 2 | 3 | 2 | 1 |

### 190

| 2 | 1 | 2 | 3 | 1 | 3 |
|---|---|---|---|---|---|
| 1 | 3 | 1 | 2 | 3 | 2 |
| 3 | 2 | 3 | 1 | 2 | 1 |
| 2 | 3 | 1 | 2 | 1 | 3 |
| 1 | 2 | 3 | 1 | 3 | 2 |
| 3 | 1 | 2 | 3 | 2 | 1 |

### 191

| 2 | 1 | 2 | 3 | 1 | 3 |
|---|---|---|---|---|---|
| 1 | 3 | 1 | 2 | 3 | 2 |
| 3 | 2 | 3 | 1 | 2 | 1 |
| 2 | 3 | 1 | 2 | 1 | 3 |
| 1 | 2 | 3 | 1 | 3 | 2 |
| 3 | 1 | 2 | 3 | 2 | 1 |

### 192

| 2 | 1 | 2 | 3 | 1 | 3 |
|---|---|---|---|---|---|
| 1 | 3 | 1 | 2 | 3 | 2 |
| 3 | 2 | 3 | 1 | 2 | 1 |
| 2 | 3 | 1 | 2 | 1 | 3 |
| 1 | 2 | 3 | 1 | 3 | 2 |
| 3 | 1 | 2 | 3 | 2 | 1 |

### 193

| 2 | 1 | 2 | 3 | 1 | 3 |
|---|---|---|---|---|---|
| 1 | 3 | 1 | 2 | 3 | 2 |
| 3 | 2 | 3 | 1 | 2 | 1 |
| 2 | 3 | 1 | 2 | 1 | 3 |
| 1 | 2 | 3 | 1 | 3 | 2 |
| 3 | 1 | 2 | 3 | 2 | 1 |

### 194

| 2 | 1 | 2 | 3 | 1 | 3 |
|---|---|---|---|---|---|
| 1 | 3 | 1 | 2 | 3 | 2 |
| 3 | 2 | 3 | 1 | 2 | 1 |
| 2 | 3 | 1 | 2 | 1 | 3 |
| 1 | 2 | 3 | 1 | 3 | 2 |
| 3 | 1 | 2 | 3 | 2 | 1 |

### 195

| 2 | 1 | 2 | 3 | 1 | 3 |
|---|---|---|---|---|---|
| 1 | 3 | 1 | 2 | 3 | 2 |
| 3 | 2 | 3 | 1 | 2 | 1 |
| 2 | 3 | 1 | 2 | 1 | 3 |
| 1 | 2 | 3 | 1 | 3 | 2 |
| 3 | 1 | 2 | 3 | 2 | 1 |

### 196

| 2 | 1 | 2 | 3 | 1 | 3 |
|---|---|---|---|---|---|
| 1 | 3 | 1 | 2 | 3 | 2 |
| 3 | 2 | 3 | 1 | 2 | 1 |
| 2 | 3 | 1 | 2 | 1 | 3 |
| 1 | 2 | 3 | 1 | 3 | 2 |
| 3 | 1 | 2 | 3 | 2 | 1 |

### 197

| 2 | 1 | 2 | 3 | 1 | 3 |
|---|---|---|---|---|---|
| 1 | 3 | 1 | 2 | 3 | 2 |
| 3 | 2 | 3 | 1 | 2 | 1 |
| 2 | 3 | 1 | 2 | 1 | 3 |
| 1 | 2 | 3 | 1 | 3 | 2 |
| 3 | 1 | 2 | 3 | 2 | 1 |

### 198

| 2 | 1 | 2 | 3 | 1 | 3 |
|---|---|---|---|---|---|
| 1 | 3 | 1 | 2 | 3 | 2 |
| 3 | 2 | 3 | 1 | 2 | 1 |
| 2 | 3 | 1 | 2 | 1 | 3 |
| 1 | 2 | 3 | 1 | 3 | 2 |
| 3 | 1 | 2 | 3 | 2 | 1 |

**199**

| 2 | 1 | 2 | 3 | 1 | 3 |
|---|---|---|---|---|---|
| 1 | 3 | 1 | 2 | 3 | 2 |
| 3 | 2 | 3 | 1 | 2 | 1 |
| 2 | 3 | 1 | 2 | 1 | 3 |
| 1 | 2 | 3 | 1 | 3 | 2 |
| 3 | 1 | 2 | 3 | 2 | 1 |

**200**

| 2 | 1 | 2 | 3 | 1 | 3 |
|---|---|---|---|---|---|
| 1 | 3 | 1 | 2 | 3 | 2 |
| 3 | 2 | 3 | 1 | 2 | 1 |
| 2 | 3 | 1 | 2 | 1 | 3 |
| 1 | 2 | 3 | 1 | 3 | 2 |
| 3 | 1 | 2 | 3 | 2 | 1 |

**201**

| 2 | 1 | 2 | 3 | 1 | 3 |
|---|---|---|---|---|---|
| 1 | 3 | 1 | 2 | 3 | 2 |
| 3 | 2 | 3 | 1 | 2 | 1 |
| 2 | 3 | 1 | 2 | 1 | 3 |
| 1 | 2 | 3 | 1 | 3 | 2 |
| 3 | 1 | 2 | 3 | 2 | 1 |

**202**

| 2 | 1 | 2 | 3 | 1 | 3 |
|---|---|---|---|---|---|
| 1 | 3 | 1 | 2 | 3 | 2 |
| 3 | 2 | 3 | 1 | 2 | 1 |
| 2 | 3 | 1 | 2 | 1 | 3 |
| 1 | 2 | 3 | 1 | 3 | 2 |
| 3 | 1 | 2 | 3 | 2 | 1 |

**203**

| 2 | 1 | 2 | 3 | 1 | 3 |
|---|---|---|---|---|---|
| 1 | 3 | 1 | 2 | 3 | 2 |
| 3 | 2 | 3 | 1 | 2 | 1 |
| 2 | 3 | 1 | 2 | 1 | 3 |
| 1 | 2 | 3 | 1 | 3 | 2 |
| 3 | 1 | 2 | 3 | 2 | 1 |

**204**

| 2 | 1 | 2 | 3 | 1 | 3 |
|---|---|---|---|---|---|
| 1 | 3 | 1 | 2 | 3 | 2 |
| 3 | 2 | 3 | 1 | 2 | 1 |
| 2 | 3 | 1 | 2 | 1 | 3 |
| 1 | 2 | 3 | 1 | 3 | 2 |
| 3 | 1 | 2 | 3 | 2 | 1 |

**205**

| 2 | 1 | 2 | 3 | 1 | 3 |
|---|---|---|---|---|---|
| 1 | 3 | 1 | 2 | 3 | 2 |
| 3 | 2 | 3 | 1 | 2 | 1 |
| 2 | 3 | 1 | 2 | 1 | 3 |
| 1 | 2 | 3 | 1 | 3 | 2 |
| 3 | 1 | 2 | 3 | 2 | 1 |

**206**

| 2 | 1 | 2 | 3 | 1 | 3 |
|---|---|---|---|---|---|
| 1 | 3 | 1 | 2 | 3 | 2 |
| 3 | 2 | 3 | 1 | 2 | 1 |
| 2 | 3 | 1 | 2 | 1 | 3 |
| 1 | 2 | 3 | 1 | 3 | 2 |
| 3 | 1 | 2 | 3 | 2 | 1 |

**207**

| 2 | 1 | 2 | 3 | 1 | 3 |
|---|---|---|---|---|---|
| 1 | 3 | 1 | 2 | 3 | 2 |
| 3 | 2 | 3 | 1 | 2 | 1 |
| 2 | 3 | 1 | 2 | 1 | 3 |
| 1 | 2 | 3 | 1 | 3 | 2 |
| 3 | 1 | 2 | 3 | 2 | 1 |

**208**

| 2 | 1 | 2 | 3 | 1 | 3 |
|---|---|---|---|---|---|
| 1 | 3 | 1 | 2 | 3 | 2 |
| 3 | 2 | 3 | 1 | 2 | 1 |
| 2 | 3 | 1 | 2 | 1 | 3 |
| 1 | 2 | 3 | 1 | 3 | 2 |
| 3 | 1 | 2 | 3 | 2 | 1 |

**209**

| 2 | 1 | 2 | 3 | 1 | 3 |
|---|---|---|---|---|---|
| 1 | 3 | 1 | 2 | 3 | 2 |
| 3 | 2 | 3 | 1 | 2 | 1 |
| 2 | 3 | 1 | 2 | 1 | 3 |
| 1 | 2 | 3 | 1 | 3 | 2 |
| 3 | 1 | 2 | 3 | 2 | 1 |

**210**

| 2 | 1 | 2 | 3 | 1 | 3 |
|---|---|---|---|---|---|
| 1 | 3 | 1 | 2 | 3 | 2 |
| 3 | 2 | 3 | 1 | 2 | 1 |
| 2 | 3 | 1 | 2 | 1 | 3 |
| 1 | 2 | 3 | 1 | 3 | 2 |
| 3 | 1 | 2 | 3 | 2 | 1 |

**211**

| 2 | 1 | 2 | 3 | 1 | 3 |
|---|---|---|---|---|---|
| 1 | 3 | 1 | 2 | 3 | 2 |
| 3 | 2 | 3 | 1 | 2 | 1 |
| 2 | 3 | 1 | 2 | 1 | 3 |
| 1 | 2 | 3 | 1 | 3 | 2 |
| 3 | 1 | 2 | 3 | 2 | 1 |

**212**

| 2 | 1 | 2 | 3 | 1 | 3 |
|---|---|---|---|---|---|
| 1 | 3 | 1 | 2 | 3 | 2 |
| 3 | 2 | 3 | 1 | 2 | 1 |
| 2 | 3 | 1 | 2 | 1 | 3 |
| 1 | 2 | 3 | 1 | 3 | 2 |
| 3 | 1 | 2 | 3 | 2 | 1 |

**213**

| 2 | 1 | 2 | 3 | 1 | 3 |
|---|---|---|---|---|---|
| 1 | 3 | 1 | 2 | 3 | 2 |
| 3 | 2 | 3 | 1 | 2 | 1 |
| 2 | 3 | 1 | 2 | 1 | 3 |
| 1 | 2 | 3 | 1 | 3 | 2 |
| 3 | 1 | 2 | 3 | 2 | 1 |

**214**

| 2 | 1 | 2 | 3 | 1 | 3 |
|---|---|---|---|---|---|
| 1 | 3 | 1 | 2 | 3 | 2 |
| 3 | 2 | 3 | 1 | 2 | 1 |
| 2 | 3 | 1 | 2 | 1 | 3 |
| 1 | 2 | 3 | 1 | 3 | 2 |
| 3 | 1 | 2 | 3 | 2 | 1 |

**215**

| 2 | 1 | 2 | 3 | 1 | 3 |
|---|---|---|---|---|---|
| 1 | 3 | 1 | 2 | 3 | 2 |
| 3 | 2 | 3 | 1 | 2 | 1 |
| 2 | 3 | 1 | 2 | 1 | 3 |
| 1 | 2 | 3 | 1 | 3 | 2 |
| 3 | 1 | 2 | 3 | 2 | 1 |

**216**

| 2 | 1 | 2 | 3 | 1 | 3 |
|---|---|---|---|---|---|
| 1 | 3 | 1 | 2 | 3 | 2 |
| 3 | 2 | 3 | 1 | 2 | 1 |
| 2 | 3 | 1 | 2 | 1 | 3 |
| 1 | 2 | 3 | 1 | 3 | 2 |
| 3 | 1 | 2 | 3 | 2 | 1 |

**217**

| 2 | 1 | 2 | 3 | 1 | 3 |
|---|---|---|---|---|---|
| 1 | 3 | 1 | 2 | 3 | 2 |
| 3 | 2 | 3 | 1 | 2 | 1 |
| 2 | 3 | 1 | 2 | 1 | 3 |
| 1 | 2 | 3 | 1 | 3 | 2 |
| 3 | 1 | 2 | 3 | 2 | 1 |

**218**

| 2 | 1 | 2 | 3 | 1 | 3 |
|---|---|---|---|---|---|
| 1 | 3 | 1 | 2 | 3 | 2 |
| 3 | 2 | 3 | 1 | 2 | 1 |
| 2 | 3 | 1 | 2 | 1 | 3 |
| 1 | 2 | 3 | 1 | 3 | 2 |
| 3 | 1 | 2 | 3 | 2 | 1 |

**219**

| 2 | 1 | 2 | 3 | 1 | 3 |
|---|---|---|---|---|---|
| 1 | 3 | 1 | 2 | 3 | 2 |
| 3 | 2 | 3 | 1 | 2 | 1 |
| 2 | 3 | 1 | 2 | 1 | 3 |
| 1 | 2 | 3 | 1 | 3 | 2 |
| 3 | 1 | 2 | 3 | 2 | 1 |

**220**

| 2 | 1 | 2 | 3 | 1 | 3 |
|---|---|---|---|---|---|
| 1 | 3 | 1 | 2 | 3 | 2 |
| 3 | 2 | 3 | 1 | 2 | 1 |
| 2 | 3 | 1 | 2 | 1 | 3 |
| 1 | 2 | 3 | 1 | 3 | 2 |
| 3 | 1 | 2 | 3 | 2 | 1 |

**221**

| 2 | 1 | 2 | 3 | 1 | 3 |
|---|---|---|---|---|---|
| 1 | 3 | 1 | 2 | 3 | 2 |
| 3 | 2 | 3 | 1 | 2 | 1 |
| 2 | 3 | 1 | 2 | 1 | 3 |
| 1 | 2 | 3 | 1 | 3 | 2 |
| 3 | 1 | 2 | 3 | 2 | 1 |

**222**

| 2 | 1 | 2 | 3 | 1 | 3 |
|---|---|---|---|---|---|
| 1 | 3 | 1 | 2 | 3 | 2 |
| 3 | 2 | 3 | 1 | 2 | 1 |
| 2 | 3 | 1 | 2 | 1 | 3 |
| 1 | 2 | 3 | 1 | 3 | 2 |
| 3 | 1 | 2 | 3 | 2 | 1 |

**223**

| 2 | 1 | 2 | 3 | 1 | 3 |
|---|---|---|---|---|---|
| 1 | 3 | 1 | 2 | 3 | 2 |
| 3 | 2 | 3 | 1 | 2 | 1 |
| 2 | 3 | 1 | 2 | 1 | 3 |
| 1 | 2 | 3 | 1 | 3 | 2 |
| 3 | 1 | 2 | 3 | 2 | 1 |

**224**

| 2 | 1 | 2 | 3 | 1 | 3 |
|---|---|---|---|---|---|
| 1 | 3 | 1 | 2 | 3 | 2 |
| 3 | 2 | 3 | 1 | 2 | 1 |
| 2 | 3 | 1 | 2 | 1 | 3 |
| 1 | 2 | 3 | 1 | 3 | 2 |
| 3 | 1 | 2 | 3 | 2 | 1 |

**225**

| 2 | 1 | 2 | 3 | 1 | 3 |
|---|---|---|---|---|---|
| 1 | 3 | 1 | 2 | 3 | 2 |
| 3 | 2 | 3 | 1 | 2 | 1 |
| 2 | 3 | 1 | 2 | 1 | 3 |
| 1 | 2 | 3 | 1 | 3 | 2 |
| 3 | 1 | 2 | 3 | 2 | 1 |

**226**

| 2 | 1 | 2 | 3 | 1 | 3 |
|---|---|---|---|---|---|
| 1 | 3 | 1 | 2 | 3 | 2 |
| 3 | 2 | 3 | 1 | 2 | 1 |
| 2 | 3 | 1 | 2 | 1 | 3 |
| 1 | 2 | 3 | 1 | 3 | 2 |
| 3 | 1 | 2 | 3 | 2 | 1 |

**227**

| 2 | 1 | 2 | 3 | 1 | 3 |
|---|---|---|---|---|---|
| 1 | 3 | 1 | 2 | 3 | 2 |
| 3 | 2 | 3 | 1 | 2 | 1 |
| 2 | 3 | 1 | 2 | 1 | 3 |
| 1 | 2 | 3 | 1 | 3 | 2 |
| 3 | 1 | 2 | 3 | 2 | 1 |

**228**

| 2 | 1 | 2 | 3 | 1 | 3 |
|---|---|---|---|---|---|
| 1 | 3 | 1 | 2 | 3 | 2 |
| 3 | 2 | 3 | 1 | 2 | 1 |
| 2 | 3 | 1 | 2 | 1 | 3 |
| 1 | 2 | 3 | 1 | 3 | 2 |
| 3 | 1 | 2 | 3 | 2 | 1 |

## 229

| 2 | 1 | 2 | 3 | 1 | 3 |
|---|---|---|---|---|---|
| 1 | 3 | 1 | 2 | 3 | 2 |
| 3 | 2 | 3 | 1 | 2 | 1 |
| 2 | 3 | 1 | 2 | 1 | 3 |
| 1 | 2 | 3 | 1 | 3 | 2 |
| 3 | 1 | 2 | 3 | 2 | 1 |

## 230

| 2 | 1 | 2 | 3 | 1 | 3 |
|---|---|---|---|---|---|
| 1 | 3 | 1 | 2 | 3 | 2 |
| 3 | 2 | 3 | 1 | 2 | 1 |
| 2 | 3 | 1 | 2 | 1 | 3 |
| 1 | 2 | 3 | 1 | 3 | 2 |
| 3 | 1 | 2 | 3 | 2 | 1 |

## 231

| 2 | 1 | 2 | 3 | 1 | 3 |
|---|---|---|---|---|---|
| 1 | 3 | 1 | 2 | 3 | 2 |
| 3 | 2 | 3 | 1 | 2 | 1 |
| 2 | 3 | 1 | 2 | 1 | 3 |
| 1 | 2 | 3 | 1 | 3 | 2 |
| 3 | 1 | 2 | 3 | 2 | 1 |

## 232

| 2 | 1 | 2 | 3 | 1 | 3 |
|---|---|---|---|---|---|
| 1 | 3 | 1 | 2 | 3 | 2 |
| 3 | 2 | 3 | 1 | 2 | 1 |
| 2 | 3 | 1 | 2 | 1 | 3 |
| 1 | 2 | 3 | 1 | 3 | 2 |
| 3 | 1 | 2 | 3 | 2 | 1 |

## 233

| 2 | 1 | 2 | 3 | 1 | 3 |
|---|---|---|---|---|---|
| 1 | 3 | 1 | 2 | 3 | 2 |
| 3 | 2 | 3 | 1 | 2 | 1 |
| 2 | 3 | 1 | 2 | 1 | 3 |
| 1 | 2 | 3 | 1 | 3 | 2 |
| 3 | 1 | 2 | 3 | 2 | 1 |

## 234

| 2 | 1 | 2 | 3 | 1 | 3 |
|---|---|---|---|---|---|
| 1 | 3 | 1 | 2 | 3 | 2 |
| 3 | 2 | 3 | 1 | 2 | 1 |
| 2 | 3 | 1 | 2 | 1 | 3 |
| 1 | 2 | 3 | 1 | 3 | 2 |
| 3 | 1 | 2 | 3 | 2 | 1 |

### 235

| 2 | 1 | 2 | 3 | 1 | 3 |
|---|---|---|---|---|---|
| 1 | 3 | 1 | 2 | 3 | 2 |
| 3 | 2 | 3 | 1 | 2 | 1 |
| 2 | 3 | 1 | 2 | 1 | 3 |
| 1 | 2 | 3 | 1 | 3 | 2 |
| 3 | 1 | 2 | 3 | 2 | 1 |

### 236

| 2 | 1 | 2 | 3 | 1 | 3 |
|---|---|---|---|---|---|
| 1 | 3 | 1 | 2 | 3 | 2 |
| 3 | 2 | 3 | 1 | 2 | 1 |
| 2 | 3 | 1 | 2 | 1 | 3 |
| 1 | 2 | 3 | 1 | 3 | 2 |
| 3 | 1 | 2 | 3 | 2 | 1 |

### 237

| 2 | 1 | 2 | 3 | 1 | 3 |
|---|---|---|---|---|---|
| 1 | 3 | 1 | 2 | 3 | 2 |
| 3 | 2 | 3 | 1 | 2 | 1 |
| 2 | 3 | 1 | 2 | 1 | 3 |
| 1 | 2 | 3 | 1 | 3 | 2 |
| 3 | 1 | 2 | 3 | 2 | 1 |

### 238

| 2 | 1 | 2 | 3 | 1 | 3 |
|---|---|---|---|---|---|
| 1 | 3 | 1 | 2 | 3 | 2 |
| 3 | 2 | 3 | 1 | 2 | 1 |
| 2 | 3 | 1 | 2 | 1 | 3 |
| 1 | 2 | 3 | 1 | 3 | 2 |
| 3 | 1 | 2 | 3 | 2 | 1 |

### 239

| 2 | 1 | 2 | 3 | 1 | 3 |
|---|---|---|---|---|---|
| 1 | 3 | 1 | 2 | 3 | 2 |
| 3 | 2 | 3 | 1 | 2 | 1 |
| 2 | 3 | 1 | 2 | 1 | 3 |
| 1 | 2 | 3 | 1 | 3 | 2 |
| 3 | 1 | 2 | 3 | 2 | 1 |

### 240

| 2 | 1 | 2 | 3 | 1 | 3 |
|---|---|---|---|---|---|
| 1 | 3 | 1 | 2 | 3 | 2 |
| 3 | 2 | 3 | 1 | 2 | 1 |
| 2 | 3 | 1 | 2 | 1 | 3 |
| 1 | 2 | 3 | 1 | 3 | 2 |
| 3 | 1 | 2 | 3 | 2 | 1 |

### 241

| 2 | 1 | 2 | 3 | 1 | 3 |
|---|---|---|---|---|---|
| 1 | 3 | 1 | 2 | 3 | 2 |
| 3 | 2 | 3 | 1 | 2 | 1 |
| 2 | 3 | 1 | 2 | 1 | 3 |
| 1 | 2 | 3 | 1 | 3 | 2 |
| 3 | 1 | 2 | 3 | 2 | 1 |

### 242

| 2 | 1 | 2 | 3 | 1 | 3 |
|---|---|---|---|---|---|
| 1 | 3 | 1 | 2 | 3 | 2 |
| 3 | 2 | 3 | 1 | 2 | 1 |
| 2 | 3 | 1 | 2 | 1 | 3 |
| 1 | 2 | 3 | 1 | 3 | 2 |
| 3 | 1 | 2 | 3 | 2 | 1 |

### 243

| 2 | 1 | 2 | 3 | 1 | 3 |
|---|---|---|---|---|---|
| 1 | 3 | 1 | 2 | 3 | 2 |
| 3 | 2 | 3 | 1 | 2 | 1 |
| 2 | 3 | 1 | 2 | 1 | 3 |
| 1 | 2 | 3 | 1 | 3 | 2 |
| 3 | 1 | 2 | 3 | 2 | 1 |

### 244

| 2 | 1 | 2 | 3 | 1 | 3 |
|---|---|---|---|---|---|
| 1 | 3 | 1 | 2 | 3 | 2 |
| 3 | 2 | 3 | 1 | 2 | 1 |
| 2 | 3 | 1 | 2 | 1 | 3 |
| 1 | 2 | 3 | 1 | 3 | 2 |
| 3 | 1 | 2 | 3 | 2 | 1 |

### 245

| 2 | 1 | 2 | 3 | 1 | 3 |
|---|---|---|---|---|---|
| 1 | 3 | 1 | 2 | 3 | 2 |
| 3 | 2 | 3 | 1 | 2 | 1 |
| 2 | 3 | 1 | 2 | 1 | 3 |
| 1 | 2 | 3 | 1 | 3 | 2 |
| 3 | 1 | 2 | 3 | 2 | 1 |

### 246

| 2 | 1 | 2 | 3 | 1 | 3 |
|---|---|---|---|---|---|
| 1 | 3 | 1 | 2 | 3 | 2 |
| 3 | 2 | 3 | 1 | 2 | 1 |
| 2 | 3 | 1 | 2 | 1 | 3 |
| 1 | 2 | 3 | 1 | 3 | 2 |
| 3 | 1 | 2 | 3 | 2 | 1 |

### 247

| 2 | 1 | 2 | 3 | 1 | 3 |
|---|---|---|---|---|---|
| 1 | 3 | 1 | 2 | 3 | 2 |
| 3 | 2 | 3 | 1 | 2 | 1 |
| 2 | 3 | 1 | 2 | 1 | 3 |
| 1 | 2 | 3 | 1 | 3 | 2 |
| 3 | 1 | 2 | 3 | 2 | 1 |

### 248

| 2 | 1 | 2 | 3 | 1 | 3 |
|---|---|---|---|---|---|
| 1 | 3 | 1 | 2 | 3 | 2 |
| 3 | 2 | 3 | 1 | 2 | 1 |
| 2 | 3 | 1 | 2 | 1 | 3 |
| 1 | 2 | 3 | 1 | 3 | 2 |
| 3 | 1 | 2 | 3 | 2 | 1 |

### 249

| 2 | 1 | 2 | 3 | 1 | 3 |
|---|---|---|---|---|---|
| 1 | 3 | 1 | 2 | 3 | 2 |
| 3 | 2 | 3 | 1 | 2 | 1 |
| 2 | 3 | 1 | 2 | 1 | 3 |
| 1 | 2 | 3 | 1 | 3 | 2 |
| 3 | 1 | 2 | 3 | 2 | 1 |

### 250

| 2 | 1 | 2 | 3 | 1 | 3 |
|---|---|---|---|---|---|
| 1 | 3 | 1 | 2 | 3 | 2 |
| 3 | 2 | 3 | 1 | 2 | 1 |
| 2 | 3 | 1 | 2 | 1 | 3 |
| 1 | 2 | 3 | 1 | 3 | 2 |
| 3 | 1 | 2 | 3 | 2 | 1 |

### 251

| 2 | 1 | 2 | 3 | 1 | 3 |
|---|---|---|---|---|---|
| 1 | 3 | 1 | 2 | 3 | 2 |
| 3 | 2 | 3 | 1 | 2 | 1 |
| 2 | 3 | 1 | 2 | 1 | 3 |
| 1 | 2 | 3 | 1 | 3 | 2 |
| 3 | 1 | 2 | 3 | 2 | 1 |

### 252

| 2 | 1 | 2 | 3 | 1 | 3 |
|---|---|---|---|---|---|
| 1 | 3 | 1 | 2 | 3 | 2 |
| 3 | 2 | 3 | 1 | 2 | 1 |
| 2 | 3 | 1 | 2 | 1 | 3 |
| 1 | 2 | 3 | 1 | 3 | 2 |
| 3 | 1 | 2 | 3 | 2 | 1 |

## 253

| 2 | 1 | 2 | 3 | 1 | 3 |
|---|---|---|---|---|---|
| 1 | 3 | 1 | 2 | 3 | 2 |
| 3 | 2 | 3 | 1 | 2 | 1 |
| 2 | 3 | 1 | 2 | 1 | 3 |
| 1 | 2 | 3 | 1 | 3 | 2 |
| 3 | 1 | 2 | 3 | 2 | 1 |

## 254

| 2 | 1 | 2 | 3 | 1 | 3 |
|---|---|---|---|---|---|
| 1 | 3 | 1 | 2 | 3 | 2 |
| 3 | 2 | 3 | 1 | 2 | 1 |
| 2 | 3 | 1 | 2 | 1 | 3 |
| 1 | 2 | 3 | 1 | 3 | 2 |
| 3 | 1 | 2 | 3 | 2 | 1 |

## 255

| 2 | 1 | 2 | 3 | 1 | 3 |
|---|---|---|---|---|---|
| 1 | 3 | 1 | 2 | 3 | 2 |
| 3 | 2 | 3 | 1 | 2 | 1 |
| 2 | 3 | 1 | 2 | 1 | 3 |
| 1 | 2 | 3 | 1 | 3 | 2 |
| 3 | 1 | 2 | 3 | 2 | 1 |

## 256

| 2 | 1 | 2 | 3 | 1 | 3 |
|---|---|---|---|---|---|
| 1 | 3 | 1 | 2 | 3 | 2 |
| 3 | 2 | 3 | 1 | 2 | 1 |
| 2 | 3 | 1 | 2 | 1 | 3 |
| 1 | 2 | 3 | 1 | 3 | 2 |
| 3 | 1 | 2 | 3 | 2 | 1 |

## 257

| 2 | 1 | 2 | 3 | 1 | 3 |
|---|---|---|---|---|---|
| 1 | 3 | 1 | 2 | 3 | 2 |
| 3 | 2 | 3 | 1 | 2 | 1 |
| 2 | 3 | 1 | 2 | 1 | 3 |
| 1 | 2 | 3 | 1 | 3 | 2 |
| 3 | 1 | 2 | 3 | 2 | 1 |

## 258

| 2 | 1 | 2 | 3 | 1 | 3 |
|---|---|---|---|---|---|
| 1 | 3 | 1 | 2 | 3 | 2 |
| 3 | 2 | 3 | 1 | 2 | 1 |
| 2 | 3 | 1 | 2 | 1 | 3 |
| 1 | 2 | 3 | 1 | 3 | 2 |
| 3 | 1 | 2 | 3 | 2 | 1 |

### 259

| 2 | 1 | 2 | 3 | 1 | 3 |
|---|---|---|---|---|---|
| 1 | 3 | 1 | 2 | 3 | 2 |
| 3 | 2 | 3 | 1 | 2 | 1 |
| 2 | 3 | 1 | 2 | 1 | 3 |
| 1 | 2 | 3 | 1 | 3 | 2 |
| 3 | 1 | 2 | 3 | 2 | 1 |

### 260

| 2 | 1 | 2 | 3 | 1 | 3 |
|---|---|---|---|---|---|
| 1 | 3 | 1 | 2 | 3 | 2 |
| 3 | 2 | 3 | 1 | 2 | 1 |
| 2 | 3 | 1 | 2 | 1 | 3 |
| 1 | 2 | 3 | 1 | 3 | 2 |
| 3 | 1 | 2 | 3 | 2 | 1 |

### 261

| 2 | 1 | 2 | 3 | 1 | 3 |
|---|---|---|---|---|---|
| 1 | 3 | 1 | 2 | 3 | 2 |
| 3 | 2 | 3 | 1 | 2 | 1 |
| 2 | 3 | 1 | 2 | 1 | 3 |
| 1 | 2 | 3 | 1 | 3 | 2 |
| 3 | 1 | 2 | 3 | 2 | 1 |

### 262

| 2 | 1 | 2 | 3 | 1 | 3 |
|---|---|---|---|---|---|
| 1 | 3 | 1 | 2 | 3 | 2 |
| 3 | 2 | 3 | 1 | 2 | 1 |
| 2 | 3 | 1 | 2 | 1 | 3 |
| 1 | 2 | 3 | 1 | 3 | 2 |
| 3 | 1 | 2 | 3 | 2 | 1 |

### 263

| 2 | 1 | 2 | 3 | 1 | 3 |
|---|---|---|---|---|---|
| 1 | 3 | 1 | 2 | 3 | 2 |
| 3 | 2 | 3 | 1 | 2 | 1 |
| 2 | 3 | 1 | 2 | 1 | 3 |
| 1 | 2 | 3 | 1 | 3 | 2 |
| 3 | 1 | 2 | 3 | 2 | 1 |

### 264

| 2 | 1 | 2 | 3 | 1 | 3 |
|---|---|---|---|---|---|
| 1 | 3 | 1 | 2 | 3 | 2 |
| 3 | 2 | 3 | 1 | 2 | 1 |
| 2 | 3 | 1 | 2 | 1 | 3 |
| 1 | 2 | 3 | 1 | 3 | 2 |
| 3 | 1 | 2 | 3 | 2 | 1 |

### 265

| 2 | 1 | 2 | 3 | 1 | 3 |
|---|---|---|---|---|---|
| 1 | 3 | 1 | 2 | 3 | 2 |
| 3 | 2 | 3 | 1 | 2 | 1 |
| 2 | 3 | 1 | 2 | 1 | 3 |
| 1 | 2 | 3 | 1 | 3 | 2 |
| 3 | 1 | 2 | 3 | 2 | 1 |

### 266

| 2 | 1 | 2 | 3 | 1 | 3 |
|---|---|---|---|---|---|
| 1 | 3 | 1 | 2 | 3 | 2 |
| 3 | 2 | 3 | 1 | 2 | 1 |
| 2 | 3 | 1 | 2 | 1 | 3 |
| 1 | 2 | 3 | 1 | 3 | 2 |
| 3 | 1 | 2 | 3 | 2 | 1 |

### 267

| 2 | 1 | 2 | 3 | 1 | 3 |
|---|---|---|---|---|---|
| 1 | 3 | 1 | 2 | 3 | 2 |
| 3 | 2 | 3 | 1 | 2 | 1 |
| 2 | 3 | 1 | 2 | 1 | 3 |
| 1 | 2 | 3 | 1 | 3 | 2 |
| 3 | 1 | 2 | 3 | 2 | 1 |

### 268

| 2 | 1 | 2 | 3 | 1 | 3 |
|---|---|---|---|---|---|
| 1 | 3 | 1 | 2 | 3 | 2 |
| 3 | 2 | 3 | 1 | 2 | 1 |
| 2 | 3 | 1 | 2 | 1 | 3 |
| 1 | 2 | 3 | 1 | 3 | 2 |
| 3 | 1 | 2 | 3 | 2 | 1 |

### 269

| 2 | 1 | 2 | 3 | 1 | 3 |
|---|---|---|---|---|---|
| 1 | 3 | 1 | 2 | 3 | 2 |
| 3 | 2 | 3 | 1 | 2 | 1 |
| 2 | 3 | 1 | 2 | 1 | 3 |
| 1 | 2 | 3 | 1 | 3 | 2 |
| 3 | 1 | 2 | 3 | 2 | 1 |

### 270

| 2 | 1 | 2 | 3 | 1 | 3 |
|---|---|---|---|---|---|
| 1 | 3 | 1 | 2 | 3 | 2 |
| 3 | 2 | 3 | 1 | 2 | 1 |
| 2 | 3 | 1 | 2 | 1 | 3 |
| 1 | 2 | 3 | 1 | 3 | 2 |
| 3 | 1 | 2 | 3 | 2 | 1 |

### 271

| 2 | 1 | 2 | 3 | 1 | 3 |
|---|---|---|---|---|---|
| 1 | 3 | 1 | 2 | 3 | 2 |
| 3 | 2 | 3 | 1 | 2 | 1 |
| 2 | 3 | 1 | 2 | 1 | 3 |
| 1 | 2 | 3 | 1 | 3 | 2 |
| 3 | 1 | 2 | 3 | 2 | 1 |

### 272

| 2 | 1 | 2 | 3 | 1 | 3 |
|---|---|---|---|---|---|
| 1 | 3 | 1 | 2 | 3 | 2 |
| 3 | 2 | 3 | 1 | 2 | 1 |
| 2 | 3 | 1 | 2 | 1 | 3 |
| 1 | 2 | 3 | 1 | 3 | 2 |
| 3 | 1 | 2 | 3 | 2 | 1 |

### 273

| 2 | 1 | 2 | 3 | 1 | 3 |
|---|---|---|---|---|---|
| 1 | 3 | 1 | 2 | 3 | 2 |
| 3 | 2 | 3 | 1 | 2 | 1 |
| 2 | 3 | 1 | 2 | 1 | 3 |
| 1 | 2 | 3 | 1 | 3 | 2 |
| 3 | 1 | 2 | 3 | 2 | 1 |

### 274

| 2 | 1 | 2 | 3 | 1 | 3 |
|---|---|---|---|---|---|
| 1 | 3 | 1 | 2 | 3 | 2 |
| 3 | 2 | 3 | 1 | 2 | 1 |
| 2 | 3 | 1 | 2 | 1 | 3 |
| 1 | 2 | 3 | 1 | 3 | 2 |
| 3 | 1 | 2 | 3 | 2 | 1 |

### 275

| 2 | 1 | 2 | 3 | 1 | 3 |
|---|---|---|---|---|---|
| 1 | 3 | 1 | 2 | 3 | 2 |
| 3 | 2 | 3 | 1 | 2 | 1 |
| 2 | 3 | 1 | 2 | 1 | 3 |
| 1 | 2 | 3 | 1 | 3 | 2 |
| 3 | 1 | 2 | 3 | 2 | 1 |

### 276

| 2 | 1 | 2 | 3 | 1 | 3 |
|---|---|---|---|---|---|
| 1 | 3 | 1 | 2 | 3 | 2 |
| 3 | 2 | 3 | 1 | 2 | 1 |
| 2 | 3 | 1 | 2 | 1 | 3 |
| 1 | 2 | 3 | 1 | 3 | 2 |
| 3 | 1 | 2 | 3 | 2 | 1 |

### 277

| 2 | 1 | 2 | 3 | 1 | 3 |
|---|---|---|---|---|---|
| 1 | 3 | 1 | 2 | 3 | 2 |
| 3 | 2 | 3 | 1 | 2 | 1 |
| 2 | 3 | 1 | 2 | 1 | 3 |
| 1 | 2 | 3 | 1 | 3 | 2 |
| 3 | 1 | 2 | 3 | 2 | 1 |

### 278

| 2 | 1 | 2 | 3 | 1 | 3 |
|---|---|---|---|---|---|
| 1 | 3 | 1 | 2 | 3 | 2 |
| 3 | 2 | 3 | 1 | 2 | 1 |
| 2 | 3 | 1 | 2 | 1 | 3 |
| 1 | 2 | 3 | 1 | 3 | 2 |
| 3 | 1 | 2 | 3 | 2 | 1 |

### 279

| 2 | 1 | 2 | 3 | 1 | 3 |
|---|---|---|---|---|---|
| 1 | 3 | 1 | 2 | 3 | 2 |
| 3 | 2 | 3 | 1 | 2 | 1 |
| 2 | 3 | 1 | 2 | 1 | 3 |
| 1 | 2 | 3 | 1 | 3 | 2 |
| 3 | 1 | 2 | 3 | 2 | 1 |

### 280

| 2 | 1 | 2 | 3 | 1 | 3 |
|---|---|---|---|---|---|
| 1 | 3 | 1 | 2 | 3 | 2 |
| 3 | 2 | 3 | 1 | 2 | 1 |
| 2 | 3 | 1 | 2 | 1 | 3 |
| 1 | 2 | 3 | 1 | 3 | 2 |
| 3 | 1 | 2 | 3 | 2 | 1 |

### 281

| 2 | 1 | 2 | 3 | 1 | 3 |
|---|---|---|---|---|---|
| 1 | 3 | 1 | 2 | 3 | 2 |
| 3 | 2 | 3 | 1 | 2 | 1 |
| 2 | 3 | 1 | 2 | 1 | 3 |
| 1 | 2 | 3 | 1 | 3 | 2 |
| 3 | 1 | 2 | 3 | 2 | 1 |

### 282

| 2 | 1 | 2 | 3 | 1 | 3 |
|---|---|---|---|---|---|
| 1 | 3 | 1 | 2 | 3 | 2 |
| 3 | 2 | 3 | 1 | 2 | 1 |
| 2 | 3 | 1 | 2 | 1 | 3 |
| 1 | 2 | 3 | 1 | 3 | 2 |
| 3 | 1 | 2 | 3 | 2 | 1 |

### 283

| 2 | 1 | 2 | 3 | 1 | 3 |
|---|---|---|---|---|---|
| 1 | 3 | 1 | 2 | 3 | 2 |
| 3 | 2 | 3 | 1 | 2 | 1 |
| 2 | 3 | 1 | 2 | 1 | 3 |
| 1 | 2 | 3 | 1 | 3 | 2 |
| 3 | 1 | 2 | 3 | 2 | 1 |

### 284

| 2 | 1 | 2 | 3 | 1 | 3 |
|---|---|---|---|---|---|
| 1 | 3 | 1 | 2 | 3 | 2 |
| 3 | 2 | 3 | 1 | 2 | 1 |
| 2 | 3 | 1 | 2 | 1 | 3 |
| 1 | 2 | 3 | 1 | 3 | 2 |
| 3 | 1 | 2 | 3 | 2 | 1 |

### 285

| 2 | 1 | 2 | 3 | 1 | 3 |
|---|---|---|---|---|---|
| 1 | 3 | 1 | 2 | 3 | 2 |
| 3 | 2 | 3 | 1 | 2 | 1 |
| 2 | 3 | 1 | 2 | 1 | 3 |
| 1 | 2 | 3 | 1 | 3 | 2 |
| 3 | 1 | 2 | 3 | 2 | 1 |

### 286

| 2 | 1 | 2 | 3 | 1 | 3 |
|---|---|---|---|---|---|
| 1 | 3 | 1 | 2 | 3 | 2 |
| 3 | 2 | 3 | 1 | 2 | 1 |
| 2 | 3 | 1 | 2 | 1 | 3 |
| 1 | 2 | 3 | 1 | 3 | 2 |
| 3 | 1 | 2 | 3 | 2 | 1 |

### 287

| 2 | 1 | 2 | 3 | 1 | 3 |
|---|---|---|---|---|---|
| 1 | 3 | 1 | 2 | 3 | 2 |
| 3 | 2 | 3 | 1 | 2 | 1 |
| 2 | 3 | 1 | 2 | 1 | 3 |
| 1 | 2 | 3 | 1 | 3 | 2 |
| 3 | 1 | 2 | 3 | 2 | 1 |

### 288

| 2 | 1 | 2 | 3 | 1 | 3 |
|---|---|---|---|---|---|
| 1 | 3 | 1 | 2 | 3 | 2 |
| 3 | 2 | 3 | 1 | 2 | 1 |
| 2 | 3 | 1 | 2 | 1 | 3 |
| 1 | 2 | 3 | 1 | 3 | 2 |
| 3 | 1 | 2 | 3 | 2 | 1 |

**289**

| 2 | 1 | 2 | 3 | 1 | 3 |
|---|---|---|---|---|---|
| 1 | 3 | 1 | 2 | 3 | 2 |
| 3 | 2 | 3 | 1 | 2 | 1 |
| 2 | 3 | 1 | 2 | 1 | 3 |
| 1 | 2 | 3 | 1 | 3 | 2 |
| 3 | 1 | 2 | 3 | 2 | 1 |

**290**

| 2 | 1 | 2 | 3 | 1 | 3 |
|---|---|---|---|---|---|
| 1 | 3 | 1 | 2 | 3 | 2 |
| 3 | 2 | 3 | 1 | 2 | 1 |
| 2 | 3 | 1 | 2 | 1 | 3 |
| 1 | 2 | 3 | 1 | 3 | 2 |
| 3 | 1 | 2 | 3 | 2 | 1 |

**291**

| 2 | 1 | 2 | 3 | 1 | 3 |
|---|---|---|---|---|---|
| 1 | 3 | 1 | 2 | 3 | 2 |
| 3 | 2 | 3 | 1 | 2 | 1 |
| 2 | 3 | 1 | 2 | 1 | 3 |
| 1 | 2 | 3 | 1 | 3 | 2 |
| 3 | 1 | 2 | 3 | 2 | 1 |

**292**

| 2 | 1 | 2 | 3 | 1 | 3 |
|---|---|---|---|---|---|
| 1 | 3 | 1 | 2 | 3 | 2 |
| 3 | 2 | 3 | 1 | 2 | 1 |
| 2 | 3 | 1 | 2 | 1 | 3 |
| 1 | 2 | 3 | 1 | 3 | 2 |
| 3 | 1 | 2 | 3 | 2 | 1 |

**293**

| 2 | 1 | 2 | 3 | 1 | 3 |
|---|---|---|---|---|---|
| 1 | 3 | 1 | 2 | 3 | 2 |
| 3 | 2 | 3 | 1 | 2 | 1 |
| 2 | 3 | 1 | 2 | 1 | 3 |
| 1 | 2 | 3 | 1 | 3 | 2 |
| 3 | 1 | 2 | 3 | 2 | 1 |

**294**

| 2 | 1 | 2 | 3 | 1 | 3 |
|---|---|---|---|---|---|
| 1 | 3 | 1 | 2 | 3 | 2 |
| 3 | 2 | 3 | 1 | 2 | 1 |
| 2 | 3 | 1 | 2 | 1 | 3 |
| 1 | 2 | 3 | 1 | 3 | 2 |
| 3 | 1 | 2 | 3 | 2 | 1 |

### 295

| 2 | 1 | 2 | 3 | 1 | 3 |
|---|---|---|---|---|---|
| 1 | 3 | 1 | 2 | 3 | 2 |
| 3 | 2 | 3 | 1 | 2 | 1 |
| 2 | 3 | 1 | 2 | 1 | 3 |
| 1 | 2 | 3 | 1 | 3 | 2 |
| 3 | 1 | 2 | 3 | 2 | 1 |

### 296

| 2 | 1 | 2 | 3 | 1 | 3 |
|---|---|---|---|---|---|
| 1 | 3 | 1 | 2 | 3 | 2 |
| 3 | 2 | 3 | 1 | 2 | 1 |
| 2 | 3 | 1 | 2 | 1 | 3 |
| 1 | 2 | 3 | 1 | 3 | 2 |
| 3 | 1 | 2 | 3 | 2 | 1 |

### 297

| 2 | 1 | 2 | 3 | 1 | 3 |
|---|---|---|---|---|---|
| 1 | 3 | 1 | 2 | 3 | 2 |
| 3 | 2 | 3 | 1 | 2 | 1 |
| 2 | 3 | 1 | 2 | 1 | 3 |
| 1 | 2 | 3 | 1 | 3 | 2 |
| 3 | 1 | 2 | 3 | 2 | 1 |

### 298

| 2 | 1 | 2 | 3 | 1 | 3 |
|---|---|---|---|---|---|
| 1 | 3 | 1 | 2 | 3 | 2 |
| 3 | 2 | 3 | 1 | 2 | 1 |
| 2 | 3 | 1 | 2 | 1 | 3 |
| 1 | 2 | 3 | 1 | 3 | 2 |
| 3 | 1 | 2 | 3 | 2 | 1 |

### 299

| 2 | 1 | 2 | 3 | 1 | 3 |
|---|---|---|---|---|---|
| 1 | 3 | 1 | 2 | 3 | 2 |
| 3 | 2 | 3 | 1 | 2 | 1 |
| 2 | 3 | 1 | 2 | 1 | 3 |
| 1 | 2 | 3 | 1 | 3 | 2 |
| 3 | 1 | 2 | 3 | 2 | 1 |

### 300

| 2 | 1 | 2 | 3 | 1 | 3 |
|---|---|---|---|---|---|
| 1 | 3 | 1 | 2 | 3 | 2 |
| 3 | 2 | 3 | 1 | 2 | 1 |
| 2 | 3 | 1 | 2 | 1 | 3 |
| 1 | 2 | 3 | 1 | 3 | 2 |
| 3 | 1 | 2 | 3 | 2 | 1 |

Printed in Great Britain
by Amazon

80558034R00066